改訂版

苦手をサポート

ケアマネ周辺制度
ポイントナビ

監修／弁護士　江﨑 智彦　サガミ総合法律事務所

第一法規

はじめに

　高齢社会の深刻化が進んできた現代社会において、ケアマネジャーに求められる情報・知識は、介護保険制度のみならず、介護保険の周辺制度まで及びます。実際、利用者家族から「生活保護」や「成年後見」について聞かれたが、その場で説明できずに困ったとのケアマネジャーの声も聞きます。しかしながら、多忙を極める日々の業務をこなしつつ、介護保険の周辺制度を学ぶ時間的余裕がないというのが現実ではないでしょうか。

　そこで、ケアマネジャーの皆様が、最小限の労力・時間で学べるよう、介護保険の周辺制度のポイントが一目で分かる実務の手引きを作成したいとの思いから、本書は生まれました。

　本書では、ケアマネジャーが知っておくべき事項にしぼって解説しています。また、図表やフローチャートを多数収録することで、視覚的に分かりやすいものにし、利用者等に本書を見せながら説明することも可能な内容としました。

　本書は、平成28年3月に出版され、幸いにもこれまで多くの読者の手に取って頂くことができました。

　平成29年6月2日、介護保険法の改正法が公布され、平成30年4月1日から施行されています。今回の改正は、利用者の自己負担額の見直しや共生型サービスの創設など、利用者や事業者に大きな影響を及ぼすものです。そこで、周辺制度についての改正等を反映すると共に、新規項目を加え、「改訂版」として送り出すことにしたものです。

　本書が、引き続き、皆様のケアマネジメント業務のお役に立てることを願っています。

監修　弁護士　江﨑智彦

目 次

介護保険制度の基礎知識

1. 介護保険制度のしくみ……………………………………… 6
2. 介護保険サービス利用までの流れ……………………… 8
3. 介護保険優先の公費負担医療……………………………… 10
4. 要介護状態区分……………………………………………… 14

こんなときどうする？　制度の利用

■医療保険
1. 国民健康保険………………………………………………… 16
2. 後期高齢者医療制度………………………………………… 18
3. 高額療養費制度……………………………………………… 20
4. 高額介護合算療養費制度…………………………………… 22
5. 医療保険と介護保険の給付調整…………………………… 24

■障害者福祉
6. 障害福祉サービス…………………………………………… 26
7. 障害福祉サービス利用までの流れ………………………… 28
8. 介護保険優先の原則………………………………………… 30
9. 補装具費支給制度…………………………………………… 32

■高齢者をとりまく周辺制度
10. 高齢者虐待…………………………………………………… 34
11. 成年後見制度………………………………………………… 36
12. 高齢者運転免許自主返納サポート制度…………………… 38
13. 日常生活自立支援事業……………………………………… 40
14. 生活困窮者自立支援制度…………………………………… 42
15. 生活福祉資金貸付制度……………………………………… 44
16. 生活保護制度………………………………………………… 46
17. 相　続………………………………………………………… 48
18. 年金制度……………………………………………………… 50
19. 確定申告……………………………………………………… 52
20. 医療費控除…………………………………………………… 54

21. マイナンバー制度……………………………………………… 56
22. 個人情報の取扱い……………………………………………… 58
23. 介護休業制度…………………………………………………… 60

■**消費者被害を解決する制度**
24. 消費者契約法…………………………………………………… 62
25. 特定商取引法…………………………………………………… 64
26. 割賦販売法……………………………………………………… 66
27. 過量販売解除権………………………………………………… 68
28. クーリング・オフ制度………………………………………… 70
29. 消費者トラブルが疑われたら？……………………………… 72

使える便利資料

・親等図……………………………………………………………… 74
・クーリング・オフ通知（はがき）の記載例………………… 75
・身体各部の名称と骨・関節の名称……………………………… 76

本書の内容は、平成30年7月現在の情報に基づいて制作しています。発行後、法改正等により制度が変更になる場合や、また、自治体によって運用の異なる制度もありますので、実際の制度の利用等については、必ず行政機関等の最新情報をご確認ください。

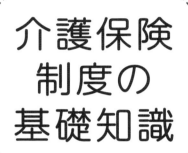
介護保険
制度の
基礎知識

介護保険制度の基礎知識

1 介護保険制度のしくみ

●介護保険制度とは？

　介護保険制度は、介護が必要と認定された高齢者などを社会全体で支える制度で、40歳以上の人が支払う「保険料（介護保険料）」と「税金」によって運営されます。運営主体は市町村（保険者）です。

　介護保険の加入者（被保険者）は40歳以上の人で、サービスを利用できるのは要支援・要介護認定を受けた人です。

▼被保険者の区分等

	介護保険サービスを利用できる 第1号被保険者	介護保険サービスを利用できる 第2号被保険者
被保険者の区分	65歳以上で、原因を問わず介護が必要な人	40～64歳の医療保険に加入している人で、末期がんや関節リウマチ等の老化による病気（特定疾病）（P.25参照）が原因で介護が必要な人
保険料の納付先	市町村	医療保険者 ・国民健康保険 ・全国健康保険協会（協会けんぽ） ・健康保険組合　など （P.16参照）
介護相談・ケアプランの作成	「要介護1」以上：居宅介護支援事業者が行う 「要支援1」「要支援2」：地域包括支援センターが行う ・ケアプラン作成の利用者負担はなし	
サービス	サービス提供事業者が行う ・サービスを利用した場合の自己負担は、原則1割 　（一定以上の所得がある人は2割、特に所得の高い人は3割）	

●介護保険制度の概要

介護保険制度の運営は市町村が行い、都道府県と国がサポートしています。

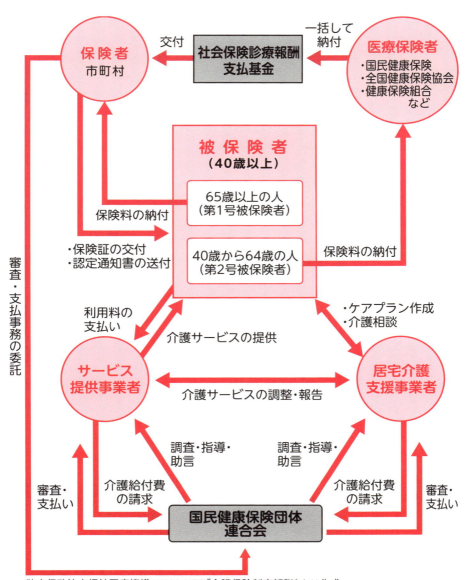

独立行政法人福祉医療機構 WAM NET『介護保険制度解説』より作成

介護保険制度の基礎知識

2 介護保険サービス利用までの流れ

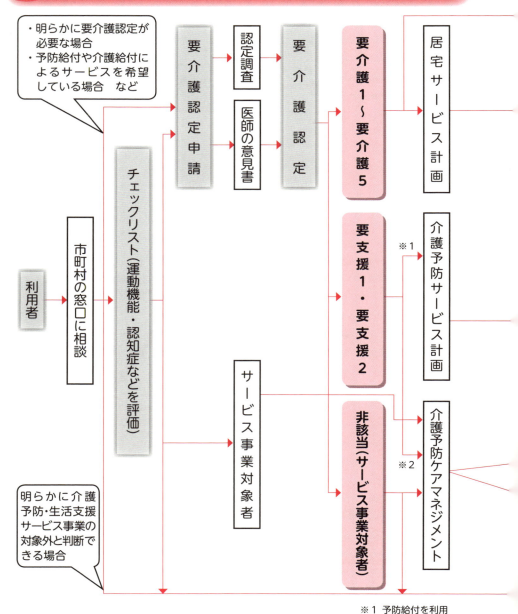

※1 予防給付を利用
※2 事業のみ利用

○**施設サービス**
　特別養護老人ホーム
　介護老人保健施設
　介護療養型医療施設
　介護医療院

○**居宅サービス**
　訪問介護
　訪問看護
　通所介護
　短期入所　など
○**地域密着型サービス**
　定期巡回・随時対応型訪問介護看護
　小規模多機能型居宅介護
　夜間対応型訪問介護
　認知症対応型共同生活介護　など

○**介護予防サービス**
　介護予防訪問看護
　介護予防通所リハビリ
　介護予防居宅療養管理指導　など
○**地域密着型介護予防サービス**
　介護予防小規模多機能型居宅介護
　介護予防認知症対応型通所介護　など

○**介護予防・生活支援サービス事業**
　訪問型サービス
　通所型サービス
　その他の生活支援サービス

○**一般介護予防事業**
　（すべての高齢者が利用可）
　介護予防普及啓発事業
　地域介護予防活動支援事業
　地域リハビリテーション活動支援事業　など

厚生労働省『介護予防・日常生活支援総合事業のガイドライン』より作成

介護給付

予防給付

総合事業

介護保険制度の基礎知識　介護保険サービス利用までの流れ

介護保険制度の基礎知識

3 介護保険優先の公費負担医療

●介護保険優先の公費負担医療の給付

　介護保険の被保険者が公費負担の医療を受ける場合、どちらの制度が優先されるのか確認する必要があります。

　右の表にある公費負担医療については**介護保険が優先**されるため、かかった費用のうち、まず、介護保険から9割分が給付されます。残りの1割分については、公費負担医療ごとに定められた負担割合に応じて、利用者の負担が少なくなります。

▼介護保険優先公費負担医療の給付の内訳

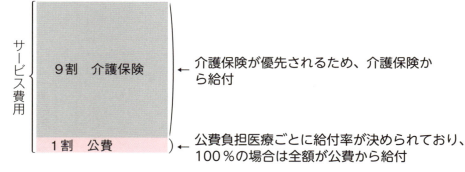

●公費負担医療の優先順位

　複数の公費負担医療を受ける場合には、**各公費の適用優先順**に従って給付が行われ、その結果、利用者負担額が決まります。

　右の表で、各公費は適用優先順に並んでいます。たとえば、生活保護受給者であっても、⑰の生活保護法の「介護扶助」より優先される①の感染症法の公費負担医療を受ける場合は、そちらが優先されます。

介護保険優先？　公費負担医療優先？

まず介護保険が優先され、次に表の順で公費負担医療が適用されます

項番	制度／給付対象	資格証明等／公費給付率(%)	負担割合	介護保険の給付対象
①	感染症法「一般患者に対する医療」	患者票	介護保険を優先し95％までを公費で負担する	医療機関の短期入所療養介護、医療機関の介護予防短期入所療養介護及び介護療養施設サービスにかかる特定診療費、介護医療院の短期入所療養介護、介護医療院の介護予防短期入所療養介護及び介護医療院サービスにかかる特別診療費及び緊急時施設診療費並びに介護老人保健施設の短期入所療養介護、介護老人保健施設の介護予防短期入所療養介護及び介護保健施設サービスにかかる特別療養費
	結核に関する治療・検査等省令で定めるもの	95		
②	障害者総合支援法「通院医療」	受給者証	介護保険優先／利用者本人負担額がある	訪問看護、介護予防訪問看護
	通院による精神障害の医療	100		
③	障害者総合支援法「更生医療」	受給者証	介護保険優先／利用者本人負担額がある	訪問看護、介護予防訪問看護、医療機関及び介護医療院の訪問リハビリテーション、医療機関及び介護医療院の介護予防訪問リハビリテーション、医療機関及び介護医療院の通所リハビリテーション、医療機関及び介護医療院の介護予防通所リハビリテーション、介護療養施設サービス及び介護医療院サービス
	身体障害者に対する更生医療（リハビリテーション）	100		
④	原子爆弾被爆者援護法「一般疾病医療費の給付」	被爆者手帳	介護保険優先／残りを全額公費※	介護保健施設サービス及び介護医療院サービス含め医療系サービス（介護予防サービスを含む）の全て
	健康保険と同様（医療全般）	100		
⑤	難病医療法「特定医療」	受給者証	介護保険優先／利用者本人負担額がある	訪問看護、介護予防訪問看護、医療機関及び介護医療院の訪問リハビリテーション、医療機関及び介護医療院の介護予防訪問リハビリテーション、居宅療養管理指導、介護予防居宅療養管理指導、介護療養施設サービス及び介護医療院サービス
	特定の疾患のみ	100		
⑥	被爆体験者精神影響等調査研究事業	受給者証	介護保険優先／残りを全額公費※	訪問看護、介護予防訪問看護、訪問リハビリテーション、介護予防訪問リハビリテーション、居宅療養管理指導、介護予防居宅療養管理指導、通所リハビリテーション、介護予防通所リハビリテーション、短期入所療養介護、介護予防短期入所療養介護、介護保健施設サービス、介護療養施設サービス及び介護医療院サービスの医療系サービスの全て
	被爆体験による精神的要因に基づく健康影響に関連する特定の精神疾患又は関連する身体化症状・心身症のみ	100		

⑦	特定疾患治療研究事業	受給者証	介護保険優先 残りを全額公費※	訪問看護、介護予防訪問看護、医療機関及び介護医療院の訪問リハビリテーション、医療機関及び介護医療院の介護予防訪問リハビリテーション、居宅療養管理指導、介護予防居宅療養管理指導、介護療養施設サービス及び介護医療院サービス
	特定の疾患のみ	100		
⑧	先天性血液凝固因子障害等治療研究事業	受給者証	介護保険優先 残りを全額公費※	訪問看護、介護予防訪問看護、医療機関及び介護医療院の訪問リハビリテーション、医療機関及び介護医療院の介護予防訪問リハビリテーション、居宅療養管理指導、介護予防居宅療養管理指導、介護療養施設サービス及び介護医療院サービス
	特定の疾患のみ	100		
⑨	水俣病総合対策費の国庫補助	医療手帳、被害者手帳	介護保険優先 残りを全額公費※	介護保健施設サービス及び介護医療院サービス含め医療系サービス(介護予防サービスを含む)の全て(ただし、介護保健施設サービスにおいては所定疾患施設療養費等に限る)
	水俣病発生地域において過去に通常のレベルを超えるメチル水銀の曝露を受けた可能性のある者における水俣病にもみられる症状に関する医療	100		
⑩	メチル水銀の健康影響に係る調査研究事業	医療手帳	介護保険優先 残りを全額公費※	介護保健施設サービス及び介護医療院サービス含め医療系サービス(介護予防サービスを含む)の全て(ただし、介護保健施設サービスにおいては所定疾患施設療養費等に限る)
	メチル水銀の曝露に起因するものでないことが明らかなものを除く疾病等の医療	100		
⑪	茨城県神栖町における有機ヒ素化合物による環境汚染及び健康被害に係る緊急措置事業	医療手帳	介護保険優先 残りを全額公費※	介護保健施設サービス及び介護医療院サービス含め医療系サービス(介護予防サービスを含む)の全て(ただし、介護保健施設サービスにおいては所定疾患施設療養費等に限る)
	茨城県神栖町におけるジフェニルアルシン酸の曝露に起因する疾病等の医療	100		
⑫	石綿による健康被害の救済に関する法律「指定疾病に係る医療」	石綿健康被害医療手帳	介護保険優先 残りを全額公費※	介護保健施設サービス及び介護医療院サービス含め医療系サービス(介護予防サービスを含む)の全て(ただし、介護保健施設サービスにおいては所定疾患施設療養費等に限る)
	指定疾病に係る医療	100		
⑬	特別対策(障害者施策)「全額免除」	受給者証	介護保険優先 残りを全額公費	訪問介護、夜間対応型訪問介護、訪問型サービス(みなし)及び訪問型サービス(独自)
	障害者施策利用者への支援措置	100		

⑭	原爆被爆者の訪問介護利用者負担に対する助成事業	被爆者健康手帳	介護保険優先 残りを全額公費※	訪問介護、訪問型サービス(みなし)及び訪問型サービス(独自)
	低所得者の被爆者に対する訪問介護、介護予防訪問介護、訪問型サービス(みなし)及び訪問型サービス(独自)	100		
⑮	原爆被爆者の介護保険等利用者負担に対する助成事業	被爆者健康手帳	介護保険優先 残りを全額公費※	介護福祉施設サービス、地域密着型介護老人福祉施設入所者生活介護、通所介護、短期入所生活介護、介護予防短期入所生活介護、認知症対応型通所介護、介護予防認知症対応型通所介護、小規模多機能型居宅介護、介護予防小規模多機能型居宅介護、定期巡回・随時対応型訪問介護看護、地域密着型通所介護、看護小規模多機能型居宅介護、通所型サービス(みなし)及び通所型サービス(独自)
	被爆者に対する介護福祉施設サービス等、地域密着型介護老人福祉施設入所者生活介護、通所介護、介護予防通所介護、短期入所生活介護、介護予防短期入所生活介護、認知症対応型通所介護、介護予防認知症対応型通所介護、小規模多機能型居宅介護、介護予防小規模多機能型居宅介護、定期巡回・随時対応型訪問介護看護、地域密着型通所介護、看護小規模多機能型居宅介護、通所型サービス(みなし)及び通所型サービス(独自)	100		
⑯	中国残留邦人等の円滑な帰国の促進並びに永住帰国した中国残留邦人等及び特定配偶者の自立の支援に関する法律「介護支援給付」	介護券	介護保険優先 利用者本人負担額がある	介護保険及び介護予防・日常生活支援総合事業(一般介護予防事業を除く)の給付対象と同様
	介護保険及び介護予防・日常生活支援総合事業(一般介護予防事業を除く)の給付対象サービス	100		
⑰	生活保護法「介護扶助」	介護券	介護保険優先 利用者本人負担額がある	介護保険及び介護予防・日常生活支援総合事業(一般介護予防事業を除く)の給付対象と同様
	介護保険及び介護予防・日常生活支援総合事業(一般介護予防事業を除く)の給付対象サービス	100		

※ただし、保険料滞納による介護給付等の額の減額分については公費負担しません。

介護保険制度の基礎知識
4 要介護状態区分

● 要介護等の区分からみた状態像のめやす

要介護または要支援については、次のような状態をめやすとして判定されます。

区　分	身体状態のめやす
要支援1	日常生活上の基本的な動作は**ほぼ自立**しているが、**ADLより高度な一部の動作**について**要介護状態とならないように支援を必要とする**状態。
要支援2	日常生活上の**基本的な動作について部分的な支援**を必要とし、介護サービスにより**身体状態の維持・改善の可能性がある**状態。
要介護1	**立ち上がりや歩行が不安定**で、日常生活に部分的な介護が必要な状態。
要介護2	**立ち上がりや歩行が自力では困難**になり、排せつや入浴などに一部介助が必要な状態。
要介護3	**立ち上がりや歩行、起き上がり、寝返りなどが自力ではできず**、排せつ・入浴・衣服の着脱などに一部または全面的な介助が必要な状態。
要介護4	排せつ・入浴・衣服の着脱などの**日常生活のほとんどに全面的な介助が必要**で、介護なしに日常生活を営むことが困難な状態。
要介護5	**全面的な介助がなければ日常生活を営むことがほぼ不可能**で、**意思の伝達も困難**な状態。

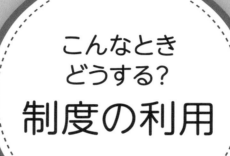

こんなとき
どうする？
制度の利用

医療保険

1 国民健康保険

●日本の公的医療保険制度

日本には国民皆保険制度があり、国民全員が必ず何らかの公的医療保険に加入しています。国民が納める保険料と、国や市町村の公費、企業が納める保険料により、さまざまな医療サービスなどを低い負担割合で受けることができます。公的医療保険は、会社員が加入する健康保険や公務員の共済保険などの「被用者保険」と、自営業者や被用者保険の退職者などを対象とした「国民健康保険」、75歳以上の人が加入する「後期高齢者医療制度」に大別されます。

▼主な医療保険の種類

国民健康保険		主に自営業者、被用者保険の退職者、非正規雇用者等が加入
被用者保険	健康保険組合	主に大企業の会社員が加入
	協会けんぽ	主に中小企業の会社員が加入
	共済組合	主に公務員が加入
後期高齢者医療制度		主に75歳以上が加入

●国民健康保険ってどんな制度？

会社員など職場の健康保険に加入している人や生活保護受給者**以外の人**に加入が義務付けられ、加入者が病気やケガ、出産または死亡した場合に、必要な医療費が保険料から支給される制度です。ただし、75歳以上になると、自動的に**後期高齢者医療制度**に移行します（P.18参照）。

●負担割合の変更に注意

医療保険の負担割合は原則3割ですが、70歳以上になると、病院での窓口負担が3割から2割に変更されます（現役並み所得者は3割）。なお、自己負担限度額を超えた金額が支給される**高額療養費制度**もあります（P.20参照）。

利用者の医療保険は？

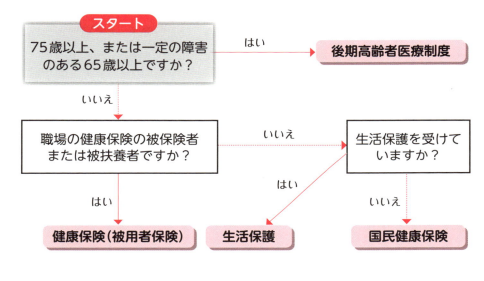

国民健康保険の給付の種類は？

【主な国民健康保険の給付の種類】

訪問看護療養費	医師の指示で訪問看護を利用したとき
入院時食事療養費、入院時生活療養費	入院したとき
療養費	急病などやむを得ない事情で保険証を持参できなかったときなど
移送費	入院の際に緊急で寝台車を利用したときなど
高額療養費制度（P.20参照）	医療費の自己負担が限度額を超えたとき
高額介護合算療養費制度（P.22参照）	世帯内の医療と介護、両方の自己負担が基準額を超えたとき
葬祭費	加入者が亡くなったとき

＊このほか、出産育児一時金などがあります。

医療保険

2 後期高齢者医療制度

●後期高齢者医療制度とは？

後期高齢者医療制度は75歳以上の人が加入する医療制度です。

▼被保険者

75歳以上の人	自動的に加入（特別な加入手続きは必要ない）
一定の障害のある 65～74歳の人	広域連合（後期高齢者医療制度の運営母体）への申請により、現在の医療制度から移行可能

＊生活保護受給者は被保険者となりません。

●医療費の自己負担割合

医療機関の窓口で医療費の自己負担額を支払います。自己負担割合は、毎年8月1日を期日として、その前年の住民税の課税所得等に応じて判定されます。

▼自己負担

窓口負担	適用区分		外来（個人ごと）	外来＋入院（世帯ごと）
3割[※1]	現役並み	Ⅲ 課税所得 690万円以上	252,600円＋（医療費－842,000円）×1% 〈多数回 140,100円〉[※2]	
		Ⅱ 課税所得 380万円以上	167,400円＋（医療費－558,000円）×1% 〈多数回 93,000円〉[※2]	
		Ⅰ 課税所得 145万円以上	80,100円＋（医療費－267,000円）×1% 〈多数回 44,400円〉[※2]	
1割	一般	課税所得 145万円未満	18,000円 （年間上限 144,000円）	57,600円 〈多数回 44,400円〉[※2]
	住民税 非課税等	Ⅱ（Ⅰ以外の人）	8,000円	24,600円
		Ⅰ[※3]		15,000円

※1 住民税課税所得が145万円以上で、自己負担割合が3割と判定された場合でも、収入額が基準額未満の場合は申請して認定されると1割になる。
※2 過去12か月に3回以上高額療養費の支給を受けた場合の4回目以降の限度額。
※3 年金収入のみで受給額が80万円以下など、総所得金額がゼロの人。

●支給内容

後期高齢者医療制度にも、療養費や移送費などの支給や高額療養費制度（P.20参照）があります。差額ベッド代や健康診断料、予防注射代など、後期高齢者医療で保険診療を受けられない医療サービスもあります。

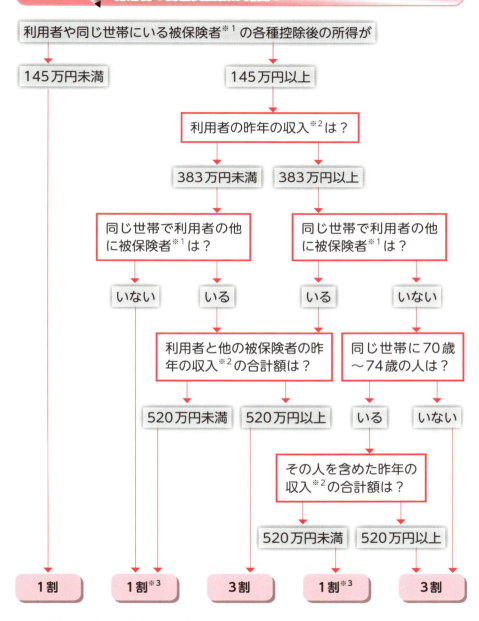

※1　後期高齢者医療制度の被保険者。
※2　市町村民税の課税所得の金額を算定するための経費や控除を差し引く前の金額。
※3　基準収入額適用申請書の提出が必要。

3 高額療養費制度

●高額療養費制度とは？

重い病気や長期入院などで**医療費が高額になったとき**に利用できる制度です。

月の初めから終わりまでに支払った医療費が、一定額を超えた場合、**その超えた金額が高額療養費として医療保険（健康保険、国民健康保険）から支給**されます。ここでいう医療費とは、病院などの医療機関や薬局の窓口で支払った**自己負担額**です。自己負担の上限額は年齢や所得に応じて異なります。

高額療養費制度に関する申請や質問は、現在加入の健康保険組合、全国健康保険協会、市町村（国民健康保険、後期高齢者医療制度）、国保組合、共済組合に問い合わせましょう。

●「世帯合算」が可能

高額療養費は、**同じ医療保険に加入している**家族（被保険者とその被扶養者）の医療費を1か月単位で合算して申請することができます。共働きの夫婦や、同居の75歳以上の高齢者（後期高齢者医療制度の被保険者（P.18参照））など、それぞれ別の医療保険に加入している場合は合算できません。

●病院、診療所など、診療科の区別なく合算可能

1つの医療機関で支払った医療費が自己負担限度額を超えなくても、**同じ月の複数の医療機関**の自己負担額を合算して上限額を超える場合は、高額療養費の支給対象となります。

高額療養費として認められないもの
・入院時の食事代
・差額ベッド代
・保険の対象とならないもの（先進医療などの自費診療など）

高額療養費の自己負担限度額は？

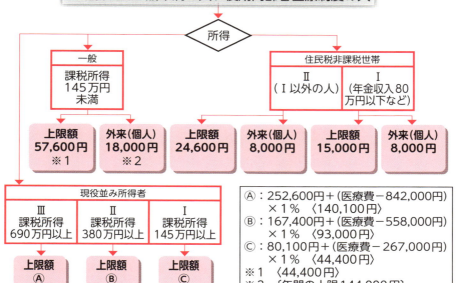

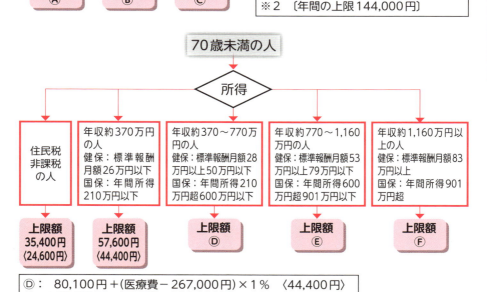

＊〈 〉内は、直近12か月以内に3か月以上、上限額に達した場合、4回目から〈 〉内の上限額に下がる

4 高額介護合算療養費制度

●高額介護合算療養費とは？

　医療保険と**介護保険の両方を利用する世帯**で、負担額が**高額**になったときに利用できる制度です。1年間（毎年8月1日～翌年7月31日）で、**同じ医療保険に加入している家族**（被保険者とその被扶養者）の**医療保険の自己負担額と介護保険の利用者負担額の合計**が限度額を超えた場合、その**超えた金額**が医療保険と介護保険のそれぞれから支給されます。このうち医療保険から支給されるものを高額介護合算療養費といいます。

　詳しくは年金事務所、健康保険組合、市町村の国民健康保険課などに相談しましょう。

●高額療養費と高額介護サービス費・高額介護予防サービス費は控除

　医療費に対して高額療養費（P.20参照）が、介護費用に対して高額介護サービス費や高額介護予防サービス費が支給された場合は、**それぞれの支給額を除いた自己負担額が対象**となります。

●70歳未満は1か月21,000円以上が合算対象

　70歳未満の医療保険の自己負担額が、**医療機関別、医科・歯科別、入院・通院別に21,000円以上**ある場合に合算できます。入院時の食事代や差額ベッド代は含めません。なお、70歳以上の人は、すべての**自己負担額が合算の対象**となります。

●支給対象外となるのは

　医療保険の自己負担額または介護保険の利用負担額が0円である場合や、医療保険の自己負担額と介護保険の利用負担額の合計の基準額を超える額が500円以下の場合は、高額介護合算療養費の支給対象となりません。

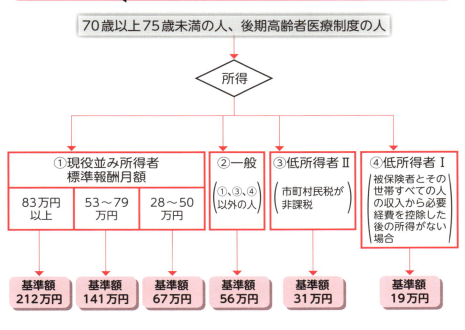
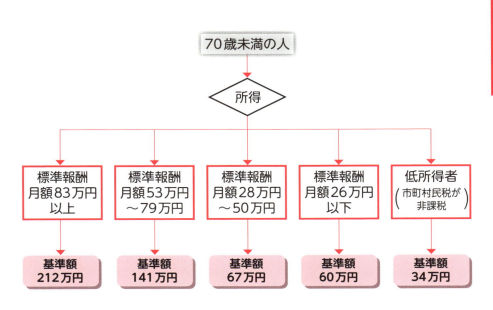

医療保険

5 医療保険と介護保険の給付調整

● 医療保険と介護保険との関係

　要介護・要支援認定を受けた人に対して行った医療サービスのうち、訪問看護、訪問リハビリテーション、通所リハビリテーションなど、介護保険と同等のサービスがある場合は、介護保険が優先します（介護保険優先原則）。

　たとえば要介護・要支援認定を受けた人への訪問看護の場合、主治医から特別指示書が出ている場合等を除き、原則として介護保険の訪問看護を行うことになります。

　ただし、別に厚生労働大臣が定める場合は、医療保険から給付できるとされています。これを**医療保険と介護保険の給付調整**といいます。

▼訪問看護の給付区分

医療保険	介護保険
・要介護者等以外への訪問看護 ・精神科訪問看護（認知症は除く） ・主治医から特別指示書が出ている場合の訪問看護（急性増悪等により頻回の訪問看護を行う旨の特別訪問看護指示の日から14日以内） ・末期の悪性腫瘍、厚生労働大臣が定める疾病等[※1]の訪問看護　ほか	・要介護者等の訪問看護（左の欄に記載されているケース等は除く）

※1　厚生労働大臣が定める疾病等

①多発性硬化症　②重症筋無力症　③スモン　④筋萎縮性側索硬化症
⑤脊髄小脳変性症　⑥ハンチントン病　⑦進行性筋ジストロフィー症
⑧パーキンソン病関連疾患（パーキンソン病については、ホーエン・ヤールの重症度分類がステージ3以上かつ生活機能障害度がⅡ度又はⅢ度のものに限る）
⑨多系統萎縮症　⑩プリオン病
⑪亜急性硬化性全脳炎　⑫ライソゾーム病　⑬副腎白質ジストロフィー
⑭脊髄性筋委縮症　⑮球脊髄性筋委縮症　⑯慢性炎症性脱髄性多発神経炎
⑰後天性免疫不全症候群　⑱頸髄損傷　⑲人工呼吸器を装着している状態

医療保険と介護保険、どちらの訪問看護を利用できる？

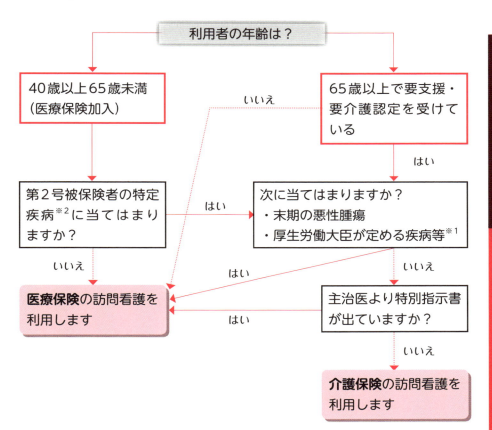

※2　第2号被保険者（40歳以上65歳未満）の特定疾病

①がん（医師が一般に認められている医学的知見に基づき、回復の見込みがない状態に至ったと判断したものに限る）
②関節リウマチ　③筋萎縮性側索硬化症　④後縦靱帯骨化症
⑤骨折を伴う骨粗鬆症　⑥初老期における認知症
⑦進行性核上性麻痺、大脳皮質基底核変性症及びパーキンソン病
⑧脊髄小脳変性症　⑨脊柱管狭窄症　⑩早老症
⑪多系統萎縮症　⑫糖尿病性神経障害、糖尿病性腎症及び糖尿病性網膜症
⑬脳血管疾患　⑭閉塞性動脈硬化症　⑮慢性閉塞性肺疾患
⑯両側の膝関節又は股関節に著しい変形を伴う変形性関節症

障害者福祉

6 障害福祉サービス

●障害福祉サービスの種類

障害者への福祉サービスは、**障害者総合支援法**によって規定されています。障害者総合支援法によるサービスには、大きく分けて**自立支援給付**と**地域生活支援事業**があります。自立支援給付は、障害の種類や程度などをふまえて決定される全国一律の個別給付です。一方、地域生活支援事業は、地域の創意工夫により利用者の実情に応じて柔軟にサービスを行うもので、市町村によって内容が異なります。

なお、平成28年5月に改正障害者総合支援法が成立し、一人暮らしの知的障害者、精神障害者の生活を支えるため定期巡回訪問や随時の対応を行う新たなサービスが開始されています。また、平成30年度改正では高齢者と障害者が、同じ事業所でサービスを受けやすくするため、「共生型サービス」が創設されています。

●自立支援給付と地域生活支援事業

障害福祉サービスは、市町村が主となり、都道府県がそれを支援します。

▼障害福祉サービスの主な内容

実施の流れ		サービス内容
市町村→ 障害者(児)	自立支援給付	**介護給付** 居宅介護、重度訪問介護、同行援護、行動援護、重度障害者等包括支援、短期入所、療養介護、生活介護、施設入所支援 **訓練等給付** 自立訓練、就労移行支援、就労継続支援、就労定着支援、自立生活援助、共同生活援助 **自立支援医療** **補装具**
	地域生活支援事業	相談支援、コミュニケーション支援、日常生活用具、移動支援、地域活動支援センター、福祉ホーム 等
都道府県 (支援)→市町村	地域生活支援事業	広域支援、人材育成 等

障害福祉サービスを利用するには？

【介護給付】

居宅介護（ホームヘルプ）	自宅で入浴、排せつ、食事の介護等を行う
重度訪問介護	重度の肢体不自由者や知的障害者・精神障害者に、自宅で入浴、排せつ、食事の介護、外出時における移動支援などを総合的に行う
同行援護	視覚障害者に、移動に必要な情報の提供（代筆・代読を含む）、移動の援護等の外出支援を行う
行動援護	自己判断能力が制限されている人が行動するときに、危険を回避するために必要な支援、外出支援を行う
重度障害者等包括支援	介護の必要性がとても高い人に、居宅介護等複数のサービスを包括的に行う
短期入所（ショートステイ）	自宅で介護する人が病気の場合などに、短期間、夜間も含め施設等で、入浴、排せつ、食事の介護等を行う
療養介護	医療と常時介護を必要とする人に、医療機関で機能訓練、療養上の管理、看護、介護及び日常生活の世話を行う
生活介護	常に介護を必要とする人に、障害者支援施設などで、昼間、入浴、排せつ、食事の介護等を行うとともに、創作的活動または生産活動の機会を提供する
施設入所支援（障害者支援施設での夜間ケア等）	施設に入所する人に、夜間や休日、入浴、排せつ、食事の介護等を行う

＊介護給付では、障害支援区分（P.28参照）の認定が行われ、区分によって使えるサービスと使えないサービスがあります。

【訓練等給付】

自立訓練（機能訓練・生活訓練）	自立した日常生活または社会生活ができるよう、一定期間、身体機能、生活能力の向上のために必要な訓練を行う
就労移行支援	就労を希望する人に、一定期間、就労に必要な知識及び能力の向上のために必要な訓練を行う
就労継続支援（A型＝雇用型、B型＝非雇用型）	就労が困難な人に、生産活動などの機会を提供するとともに、知識及び能力の向上のために必要な訓練を行う
就労定着支援	一般就労へ移行した人に、就労に伴う生活面の課題に対応できるよう、必要な連絡調整や指導・助言等を行う
自立生活援助	定期的な巡回訪問や随時の対応により、障害者の理解力、生活力等を補うために、適切な支援を行う
共同生活援助（グループホーム）	夜間や休日、共同生活を行う住居で、相談や日常生活上の援助を行う

7 障害福祉サービス利用までの流れ

● 市町村の窓口に申請

障害福祉サービスを利用するためには、**市町村の障害福祉サービスの窓口に相談**し、申請する必要があります。

介護給付サービス（P.27参照）を利用する場合は、**市町村に申請**後、**「障害支援区分」の認定**を受けます。

「障害支援区分」とは、障害の特性などに応じて必要とされる標準的な支援の度合いを6段階に分けたものです。市町村の審査会で、移動や動作、日常生活、意思疎通、行動障害、医療に関する調査と、医師の意見書などにより審査判定され、市町村が認定します。区分1～6があり、数字が大きいほど必要とされる支援の度合いが高くなります。

● 利用者の「サービス等利用計画案」を作成

サービスの利用を申請したら、**「指定特定相談支援事業者」**（市町村が指定した事業者）で**「サービス等利用計画案」を作成**し、市町村に提出します。計画案作成の利用者負担はありません。市町村はその計画案と障害支援区分等をふまえ、**支給決定**します。

● サービス等利用計画を活用すると

本人の希望をふまえた計画をもとに、関係者で情報を共有し、より一体的な支援を受けることができます。

● 一定期間でモニタリング

指定特定相談支援事業者のサービス等利用計画は、**一定期間ごとに見直し**を行います。必要があれば、支給決定されたものの変更を行うこともあります。

障害福祉サービスを受けるためには？

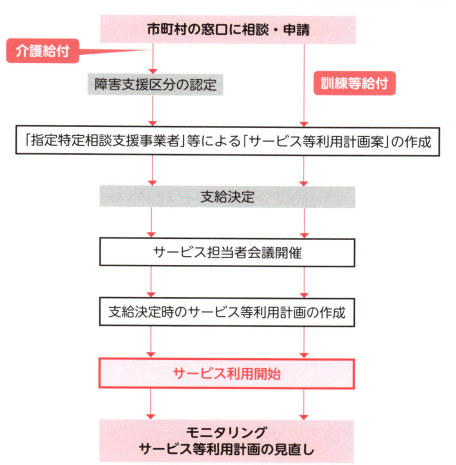

障害支援区分の調査項目
①寝返り、立ち上がり、衣服の着脱など、移動や動作等に関連する12項目
②食事、薬の管理、買い物など、身の回りの世話や日常生活等に関連する16項目
③視力、聴力、説明の理解など、意思疎通等に関連する6項目
④昼夜逆転、暴言暴行、外出して戻れない、ひどい物忘れなど、行動障害に関連する34項目
⑤透析、経管栄養、じょくそうの処置など、特別な医療に関連する12項目

障害者福祉

8 介護保険優先の原則

● 障害福祉サービスと介護保険サービス

　障害福祉サービスの利用者が65歳になると**介護保険サービス**へ移行することとなり、介護保険と重複しているサービスは、原則として**介護保険が優先**されます。介護保険と重複しない障害福祉サービス固有のものは、状況に応じて引き続き障害福祉サービスとして利用できます。

　また、65歳になる前に、対象となる障害福祉サービスを5年以上利用していた一定の高齢障害者に対し、**介護保険サービスの利用者負担を障害福祉制度により軽減（償還）する**仕組みが設けられています。

▼障害福祉サービスと介護保険サービスの適用関係

年　齢	特定疾病該当なし	特定疾病該当者	生活保護受給者
0～39歳	障害福祉サービス（介護保険サービスの適用外）		
40～64歳	障害福祉サービス	介護保険サービス	障害福祉サービス※
65歳以上	介護保険サービス（原則）		

※特定疾病の有無にかかわらず、障害福祉サービスが優先。

● 介護保険が優先されるサービス

　次のサービスは、原則として介護保険が優先されます。

- ・短期入所（ショートステイ）　　・居宅介護（ホームヘルプ）
- ・車いすや電動ベッド等の貸与、腰かけ便座等の購入
- ・施設入所（特別養護老人ホーム、老人保健施設、療養型医療施設）

● 介護保険のみにあるサービス

　次のサービスは、介護保険のみにあるサービスです。

- ・訪問看護　　　　　　　　　　　・訪問入浴介護
- ・定期巡回・随時対応型訪問介護看護　・看護小規模多機能型居宅介護
- ・小規模多機能型居宅介護

障害福祉サービスの利用者が利用できるのはどちらの制度？

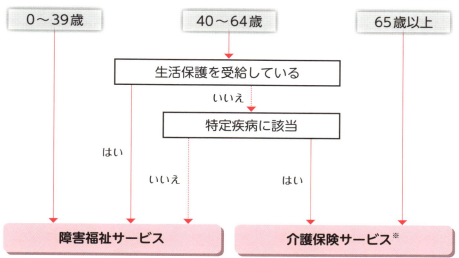

※状況に応じて障害福祉サービスを利用。

介護保険の対象となっても障害福祉サービスの継続利用は可能？

介護保険に相当するサービスがない
- 同行援護　・行動援護
- 自立訓練　・就労移行支援
- 就労継続支援　など

介護保険サービスを利用できない
- 要介護認定で「非該当」と判定された
- 利用可能な介護保険サービス事業所や施設が身近にない
- 介護保険サービス事業所や施設の定員に空きがない　など

65歳に達するなど、介護保険の対象となっても状況に応じて障害福祉サービスの継続利用が可能

＊上記に当てはまらない場合でも、居住場所に影響があるときや自治体が適当と認めたときなど、障害福祉サービスを継続利用できることがあります。

障害者福祉

9 補装具費支給制度

● 補装具費支給制度とは？

障害者総合支援法により、**補装具の購入・修理等の費用を一部または全額支給**する制度です。**障害者やその扶養義務者が市町村長に申請**し、身体障害者更生相談所等の判定等に基づき、市町村長の決定により支給します。

● 補装具とは？

補装具とは、身体障害者の身体の欠損または損なわれた身体の機能を補完・代替するための用具をいい、次の**3つの条件をすべて満たすもの**をいいます。
①身体機能を補い、または代替し、かつ、**身体へ適合するよう製作されたもの。**
②身体に装着し、日常生活や就労、就学のために**長期間使用されるもの。**
③**医師等による専門的な知識による意見または診断に基づき、必要とされたもの。**

● 補装具費が支給される補装具

下記の補装具の購入・修理等の費用には、補装具費が支給されます。

障害の種別	補装具の種類
肢体障害	義手、義足、座位保持装置、車いす、電動車いす、歩行器、歩行補助つえ（1本つえを除く）
視覚障害	盲人安全つえ、眼鏡、義眼
聴覚障害	補聴器
重度の肢体障害かつ言語障害	重度障害者用意思伝達装置

＊このほか、18歳未満の児童のみに支給される補装具費などがあります。

● 補装具費の利用者負担

補装具費支給制度では、補装具費の**利用者負担**は、**原則、定率1割負担**です。世帯の所得に応じ、**負担上限月額**が設定されています。

所得区分	負担上限月額
生活保護世帯・市町村民税非課税世帯	0円
市町村民税課税世帯で所得割額が46万円以上の人がいない世帯	37,200円
市町村民税課税世帯で所得割額が46万円以上の人がいる世帯	支給対象外

該当する福祉用具支給制度は？

障害者総合支援法上での補装具費の支給は、介護保険法などの他の法律による制度がある場合は、原則として他法が優先されます。

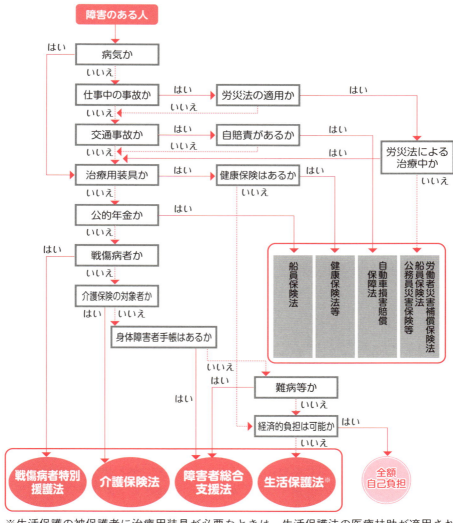

※生活保護の被保護者に治療用装具が必要なときは、生活保護法の医療扶助が適用されます。生活保護の被保護者が身体障害者手帳を取得した場合は、障害者総合支援法での補装具費支給制度の適用になります。

公益財団法人テクノエイド協会『補装具費支給事務ガイドブック（平成30年度　告示改正対応版）』より作成

高齢者をとりまく周辺制度

10 高齢者虐待

●高齢者虐待とは？

　高齢者虐待とは、高齢者への暴力だけでなく、高齢者の人権を侵害したり尊厳を奪ったりすることをいいます。「高齢者虐待防止法」では、次のような行為を高齢者虐待として位置付けています。

　なお、「高齢者虐待防止法」で対象となる「高齢者」は65歳以上の人のみですが、65歳未満の人についても「高齢者虐待防止法」の趣旨に則り、「高齢者」に準じた対応をとることが重要です。

●高齢者虐待の例

区分	具体例
身体的虐待	つねる、殴る、蹴る、無理やり食事を口に入れる、やけど・打撲させる、ベッドに縛り付けたり薬を過剰に服用させたりして身体拘束・抑制をする　など
介護・世話の放棄・放任	入浴させず整容していない、水分や栄養が十分でなく脱水症状や栄養失調の症状がある、室内にごみが放置され劣悪な住環境で生活させる、必要な介護・医療サービスを制限する、同居人による虐待を放置する　など
心理的虐待	排せつの失敗を笑ったり人前で話したりして恥をかかせる、怒鳴る、ののしる、悪口をいう、侮辱をこめて子供のように扱う、無視する　など
性的虐待	排せつの失敗に対して懲罰的に下半身を裸にして放置する、性的行為の強要　など
経済的虐待	日常生活に必要な金銭を渡さないまたは使わせない、本人の所有する不動産を無断で売却する、年金や預貯金を本人の意思に反して使用する　など

　家庭での高齢者虐待については、職務上、高齢者虐待を発見しやすい立場にいる**ケアマネジャー**からの相談・通報が最も多くなっています。「虐待かも？」と思ったときには、市町村の相談窓口に相談しましょう。

＊虐待の相談・通報は、本人や家族の同意を得ずに行うことが可能です。

養護者による高齢者虐待への対応手順は？

```
[虐待を受けたと思われる高齢者を発見した人]  [虐待を受けた高齢者]  [高齢者・養護者]
         ↓通報                    ↓届出              ↓相談          ↑ 養護者の負担軽減に向けた相談・指導・助言、その他必要な措置

                    [市町村等の高齢者虐待対応窓口]
                              ↓
```

※生命や身体に重大な危険が生じている場合の通報は義務です

緊急性が高い → **入院・保護**

高齢者の安全確認、事実確認 ⇔ **立入調査**
- （必要に応じて）警察への援助要請
- 高齢者の安全確認
- 養護者等の状況把握
- 緊急性の判断
  → 入院、一時保護
- 調査報告の作成

（事実確認後速やかに招集）

ケアマネジャーなどの事例対応メンバー、専門家チームなどによる個別ケース会議（事例分析）

【より積極的な介入が必要な場合】
- 養護者との分離を検討（入院・措置入所）
※生命や身体に関わる危険性が高く、放置しておくと重大な結果を招くおそれが予測される場合、あるいは他の方法では虐待の軽減が期待できない場合など

【在宅での支援が可能な場合】
- 継続した見守りと予防的な支援
- ケアプランの見直し
- 社会資源の活用による支援
- 介護技術等の情報提供
- 問題に応じた専門機関による支援

関係機関・関係者による援助の実施

老人福祉法による措置
- ショートステイ
- 特別養護老人ホームへの入所

成年後見の申立て

こんなときどうする？ 制度の利用　高齢者をとりまく周辺制度　高齢者虐待

高齢者をとりまく周辺制度
11 成年後見制度

● 成年後見制度ってどんな制度？

　成年後見制度は、認知症や知的障害、精神障害などの理由で**判断能力が不十分な人の権利**を、**法律面**や**生活面**で保護する制度です。家庭裁判所によって選任された成年後見人などが、財産管理や福祉サービスなどの契約の際の支援を行います。利用の際は、自治体の相談窓口、社会福祉協議会などに相談しましょう。なお、家庭裁判所の審判により、成年後見人などに報酬が付与されることがあります。

● 法定後見制度と任意後見制度

　成年後見制度には、**法定後見制度**と**任意後見制度**の2つがあります。

種類	法定後見制度	任意後見制度
制度の概要	すでに判断能力が不十分な人が財産管理などの支援を受けるための制度。本人の状況に応じて「後見」・「保佐」・「補助」の3分類に分かれる	判断能力がある人が、将来、判断能力が不十分になった場合に備えて、「誰に」、「どのような支援をしてもらうか」を**あらかじめ決めておく制度**
申立てをすることができる人	本人、配偶者、4親等（P.74参照）以内の親族、検察官、市町村長など	本人

● 親族のいない認知症高齢者も利用できます

　親族がいない（あるいは不明）、親族の協力が得られないなどの事情で、法定後見制度が利用できない認知症高齢者などは、親族等に代わって**市町村長が成年後見の申立てをする**ことができます（市町村長申立て）。
　また、制度を利用するための費用がない人については、後見人などに対する報酬を助成する**「成年後見制度利用支援事業」**があります。地域によって事業の有無や内容は異なります。

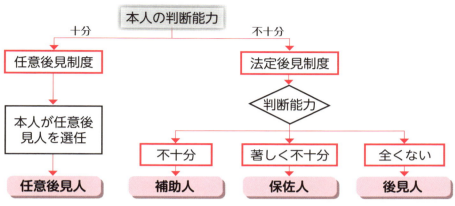

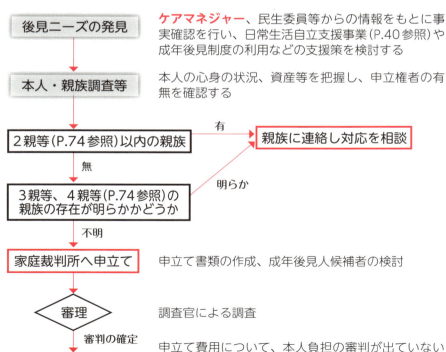

高齢者をとりまく周辺制度
12 高齢者運転免許自主返納サポート制度

● 高齢者運転免許自主返納サポートとは？

　近年、高齢ドライバーによる交通事故件数が増加しています。加齢に伴う身体・認知機能の低下により運転に不安を感じている、また、運転する機会が少なくなったという高齢者もいることでしょう。他方で、運転免許証は公的な身分証明書としての機能も有することから、運転ができないまたは運転をしなくなった人であっても、運転免許証を手元に置いておきたいということもあるでしょう。

　そこで、運転する機会が少なくなった高齢ドライバーが、運転免許証を自主返納しやすい環境をつくるため、各地方公共団体が行う「高齢者運転免許自主返納サポート制度」があります。

● 運転経歴証明書の交付と特典

　運転免許証（ただし、運転免許証の有効期限が切れてないもの）を自主返納した場合には、**運転免許証に代わる公的な身分証明書**として使用できる「**運転経歴証明書**」の交付を受けることができます。

　運転経歴証明書は、**有効期間はなく更新も不要**で、一度交付を受ければ、生涯使えます。さらに、各地方公共団体は、運転経歴証明書を**提示**した人に対し、バス・タクシー・鉄道の運賃割引、温泉入浴宿泊割引など**様々な特典**を設けています。

● 運転免許証の自主返納を行う前に

　運転免許証を自主返納する前に、自動車等の運転ができなくなっても困らない状況であるのかどうか、しっかり検討することが重要です。たとえば、病院や買い物は自動車がなくても行くことができるか、訪問介護サービスを利用してヘルパーへの買い物依頼や病院への通院を行うことができるか、移動に際して家族のサポートを受けることができるかなど、運転免許証を自主返納した後の生活に不自由がないかを十分検討し、場合によっては、地域包括支援センター等に相談しておくことも必要です。

運転免許自主返納前に検討することは？

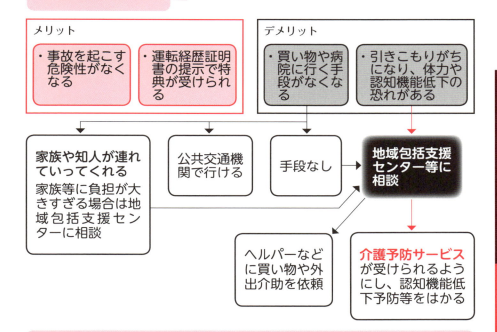

運転経歴証明書の申請に必要なもの
- 返納した日から5年以内の運転免許証
- 写真（縦3cm×横2.4cm、持参する場合は条件等あり）
- 交付手数料1,100円
- 運転免許を返納した当日以外の申請の場合は、別途必要となる書類があるので、各運転免許試験場に確認のこと

【申請による運転免許の取消し件数及び運転経歴証明書の交付件数の推移】

区分	年次	24	25	26	27	28
申請による免許の取消し件数（件）		117,613	137,937	208,414	285,514	345,313
	うち75歳以上の者	65,147	87,014	96,581	123,913	162,341
運転経歴証明書の交付件数（件）		81,711	107,268	168,557	236,586	295,523
	うち75歳以上の者	43,599	65,488	73,298	96,282	131,728

警察庁『平成29年版警察白書』より作成

高齢者をとりまく周辺制度

13 日常生活自立支援事業

●日常生活自立支援事業とは？

　日常生活自立支援事業とは、認知症高齢者、知的障害者、精神障害者などで**判断能力が不十分な人たち**が、在宅生活を送るためさまざまな**福祉サービスを利用する際に、助言や援助等を行うもの**です。このサービスの利用は**社会福祉協議会**との**契約**に基づくため、本人が**契約の内容を理解できることが利用の条件**です。

　相談は無料ですが、**サービスの利用には利用料がかかります**。

●主なサービスの内容

福祉サービスの利用援助	日常的金銭管理サービス
・福祉サービスに関する情報提供、相談 ・福祉サービス利用の契約の代行、代理 ・入所・入院施設のサービス利用の相談 ・福祉サービスの苦情解決制度の利用支援	・福祉サービス、医療費、公共料金、日用品購入の代金の支払い手続き ・年金や福祉手当の受領に必要な手続き ・預金の出し入れ、解約等の手続き
書類等の預かりサービス	その他のサービス
・保管できるもの 　年金証書、預貯金通帳、証書（保険証書、不動産権利証書、契約書等）、実印、銀行印、カード等	・住宅改造や賃貸家屋の情報提供、相談 ・住民票の届出等に関する手続き ・商品購入に関する簡易な苦情処理（クーリング・オフ制度等）の手続き

●日常生活自立支援事業と成年後見制度の違い

　日常生活自立支援事業は、成年後見制度（P.36参照）を補う制度です。2つには、次のような違いがあります。

日常生活自立支援事業	成年後見制度
・**本人との契約に基づき**福祉サービスの利用や日常生活の金銭管理を援助	・財産管理や福祉施設の入退所などの契約等、**法律行為全般を援助**

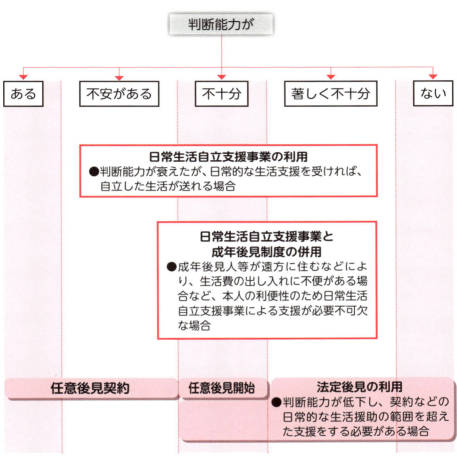

高齢者をとりまく周辺制度
14 生活困窮者自立支援制度

● 生活困窮者自立支援制度とは？

　平成27年4月から、仕事や生活に困っている人を支援する**生活困窮者自立支援制度**が始まりました。この制度では、さまざまな理由で生活保護が必要になる可能性のある人に対し、主に「就労による自立」で早期自立を支援します。これにより、高齢者や障害者などの支援施策にはないサービスについても、支援が可能になる場合があります。

● 相談内容は？

　働きたくても働けない、仕事が見つからない、社会に出るのが恐い、家族のことで悩んでいる、病気で働けない、家賃を払えない、住むところがないなど、仕事や生活で困っていることについて、自治体の窓口で相談できます。相談は無料です。

● 支援内容

自立相談支援事業	就職や住まいなど、生活に困窮している人などに対して、個々に応じた支援プランをつくり、支援を行う
住居確保給付金の支給	離職などにより住居を失った人、または失うおそれが高い人に、一定の条件で家賃相当額を支給
就労準備支援事業	コミュニケーションがうまくとれないなど、すぐに就労ができない人（条件あり）を対象に、プログラムにそって一般就労に向けた基礎能力を養い、就労機会の提供を行う
就労訓練事業	就労準備支援事業による支援だけでは不十分と見込まれる場合、支援付きの就労の場を提供し、中長期的に一般就労に向けた訓練を行う
家計相談支援事業	家計状況の課題を把握し、自ら家計を管理できるように、支援計画を作成する。関係機関へのつなぎや必要に応じて貸付けのあっせん等を行い、家計の立て直しを支援する
一時生活支援事業	住居を持たない人やネットカフェを住居としている人（条件あり）に、一定の期間、宿泊場所や衣食を提供し、就労支援等を行う

＊上記のほかに、生活困窮世帯の子どもの学習支援があります。

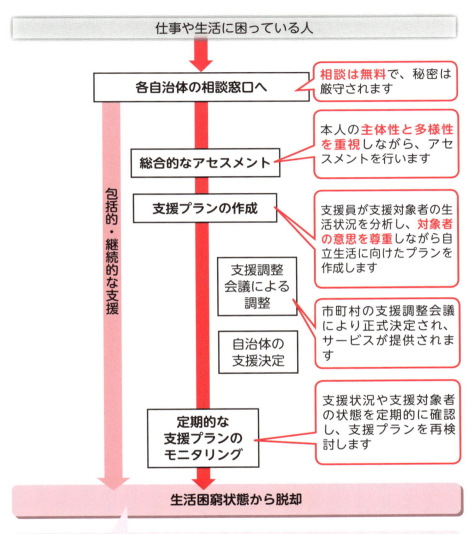

支援はどのように受けられるの？

仕事や生活に困っている人
↓
各自治体の相談窓口へ ― 相談は無料で、秘密は厳守されます

総合的なアセスメント ― 本人の主体性と多様性を重視しながら、アセスメントを行います

支援プランの作成 ― 支援員が支援対象者の生活状況を分析し、対象者の意思を尊重しながら自立生活に向けたプランを作成します

支援調整会議による調整

自治体の支援決定 ― 市町村の支援調整会議により正式決定され、サービスが提供されます

定期的な支援プランのモニタリング ― 支援状況や支援対象者の状態を定期的に確認し、支援プランを再検討します

→ 包括的・継続的な支援

生活困窮状態から脱却

生活の困りごとが解決されれば、支援終了です。支援終了後も、安定した生活が維持できているか、一定期間は支援員がフォローを行います。

　この制度の各事業の対象とならない人に対しても、民生委員による見守りなどのインフォーマルな支援につなげたり、地域包括支援センターや社会福祉協議会などのほかの専門機関と連携しながら解決に向けた支援を行います。

高齢者をとりまく周辺制度

15 生活福祉資金貸付制度

●生活福祉資金貸付制度とは？

生活福祉資金貸付制度は、低所得者や障害者、高齢者の生活が経済的に困窮したときに、必要に合わせて資金の貸付けを行う制度です。**生活困窮者自立支援制度**（P.42参照）と連携して貸付けを行い、より効果的に低所得者などの自立を支援します。相談窓口は**市町村の社会福祉協議会**です。

●貸付対象

低所得者世帯	必要な資金を他から借り受けることが困難な世帯（市町村民税非課税相当）
障害者世帯	身体障害者手帳、療育手帳、精神障害者保健福祉手帳の交付を受けた者等の属する世帯
高齢者世帯	65歳以上の高齢者の属する世帯

●貸付資金の種類

資金の種類			貸付限度額
総合支援資金	生活支援費	生活再建までに必要な生活費	2人以上：月20万円以内 単　身：月15万円以内
	住宅入居費	敷金、礼金等住宅の賃貸契約に必要な費用	40万円以内
	一時生活再建費	生活再建のため一時的に必要かつ日常生活費で賄うことが困難な費用（滞納中の公共料金立替え等）	60万円以内
福祉資金	福祉費	住宅の増改築、福祉用具等の購入、介護サービス、障害者サービス等を受けるための必要経費	580万円以内（用途に応じて上限目安額あり）
	緊急小口資金	緊急かつ一時的に生計維持が困難になった場合に貸し付ける少額の費用	10万円以内
不動産担保型生活資金	不動産担保型生活資金	低所得高齢者世帯に一定の居住用不動産を担保として生活資金を貸し付ける資金	月30万円以内　等
	要保護世帯向け不動産担保型生活資金	要保護高齢者世帯に対し一定の居住用不動産を担保に生活資金を貸し付ける資金	生活扶助額の1.5倍以内等

＊上記のほかに、教育支援資金があります。

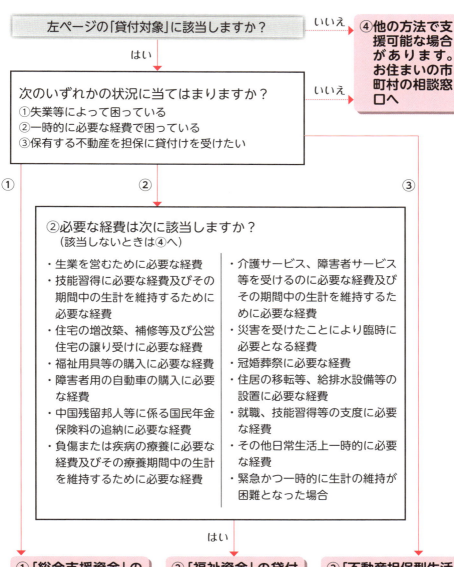

16 生活保護制度

●生活保護制度とは?

　生活保護制度は、資産や能力をすべて活用してもなお生活に困窮している人に対して、最低限度の生活を保障し、自立を助長する制度です。

●生活保護を受けるための主な要件

- **世帯単位**で年金や手当などの**収入が最低生活費の基準に満たない場合**に、**基準との差額が保護費として支給**されます。
- 他の法律や制度で同様のサービスを受けることができる場合は、原則としてそれらの制度が優先されます。

　生活保護制度の利用を希望する場合は、まず福祉事務所に相談しましょう。

●保護の種類と内容

扶助の種類	内　容
生活扶助	日常生活に必要な費用(食費・被服費・光熱費等)。特定の世帯には母子加算等の加算がある
住宅扶助	アパート等の家賃。定められた範囲内で実費支給
医療扶助	医療サービスの費用。直接医療機関に支払い(本人負担なし)
介護扶助	介護サービスの費用。直接介護事業者に支払い(本人負担なし)
葬祭扶助	葬祭費用。定められた範囲内で実費支給

＊上記のほかに、教育扶助、出産扶助、生業扶助があります。

生活保護受給者が介護サービスを受ける場合

	40歳以上65歳未満の被保護者		65歳以上の被保護者
	医療保険未加入者	医療保険の被保険者	
介護保険の適用	介護保険の被保険者とならない	介護保険の第2号被保険者（国民健康保険以外の医療保険加入者）	介護保険の第1号被保険者
要介護または要支援認定	生活保護受給申請に基づき要介護または要支援認定	介護保険法に基づき要介護または要支援認定	
居宅サービス計画の作成	生活保護法の指定介護機関に作成委託	介護保険法に基づき作成 ・自己作成は不可 ・生活保護法の指定介護機関による作成でなくても可	
	支給限度額以内の居宅サービス計画に限る		
介護サービスの費用負担	原則として介護保険の給付対象となる介護費用の全額を介護扶助で負担（介護扶助10割）	原則として介護保険で9割、介護扶助で1割（介護保険の自己負担分）を負担	
	生活保護法の指定を受けた事業所からのサービスに限る（原則）		

【介護扶助の範囲】

要介護者	要支援者
・居宅介護(ケアプランに基づき行うものに限る) ・福祉用具　・住宅改修 ・施設介護(食費・居住費含む)	・介護予防(ケアプランに基づき行うものに限る) ・介護予防福祉用具 ・介護予防住宅改修
・移送(施設への入退所や居宅療養管理指導の交通費、保険給付が行われない居宅介護サービス等利用に伴う交通費等。生活保護制度独自の給付)	

こんなときどうする？制度の利用　高齢者をとりまく周辺制度　生活保護制度

高齢者をとりまく周辺制度

17 相　続

●相続の種類

相続とは、亡くなった人の財産を残された家族など（相続人）が引き継ぐことをいい、**遺言相続**と**法定相続**があります。原則として、**遺言相続は法定相続に優先します**。

遺言相続	亡くなった人の生前の最終的な意思を、その死後に実現させるための制度が「遺言」であり、被相続人が遺産の分配方法を決めることができる。その内容を文書として残したものが遺言書
法定相続	遺言がない場合は、民法に定められている法定相続分に従って分配する

●相続人の範囲

死亡した人の**配偶者は常に相続人**となり、配偶者以外の人は、次の順序で配偶者と一緒に相続人になります。

第1順位	死亡した人の「子」（養子を含む）。「子」が死亡しているときは、その子ども、その子どもも死亡しているときはその「子」の孫などが相続人になる
第2順位	第1順位の人がいないとき、死亡した人の父母や祖父母など（直系尊属）（P.74参照）が相続する。父母が祖父母に優先する。父母が死亡している場合は、祖父母が相続人になる
第3順位	第1、2順位の人がいないとき、死亡した人の兄弟姉妹が相続人になる。兄弟姉妹がすでに死亡しているときは、その人の子どもが相続人になる

＊相続人が誰もいない場合は、遺言書があればその遺言書のとおりに、遺言書もない場合等は、家庭裁判所で手続きし、遺産は最終的には国のものになります。ただし、被相続人の療養看護に努めた人など、一定の要件を満たした人（特別縁故者）が遺産を相続できる場合もあります。

●法定相続分

相続人	法定相続分
配偶者と子の場合	2分の1ずつ。子が複数のときは2分の1を子の数で等分
配偶者と直系尊属の場合	配偶者が3分の2、直系尊属の3分の1を人数で等分
配偶者と兄弟姉妹の場合	配偶者が4分の3、兄弟姉妹の4分の1を人数で等分

相続に必要な手続きとは？

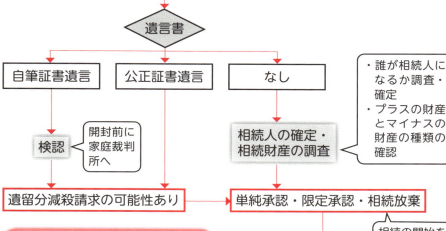

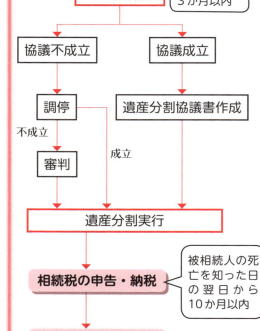

- **遺留分減殺請求**
  法定相続人（兄弟姉妹を除く）にある「遺留分」（遺言の効力が及ばない最低限度の取り分）を請求する権利
- **単純承認**
  プラスの財産もマイナスの財産もすべて相続
- **限定承認**
  プラスの財産額を限度額としてマイナスの財産も相続
- **相続放棄**
  プラスもマイナスも一切の財産を相続しない
- **遺産分割協議**
  相続人全員で誰がどの財産を相続するかを話し合う
- **調停・審判**
  家庭裁判所に申立て、調停不成立の場合は審判
- **相続税の申告**
  相続財産が基礎控除の金額を超える場合や、配偶者税額軽減等の相続税の特例を利用する場合は申告が必要

高齢者をとりまく周辺制度
18 年金制度

●年金制度とは？

日本の公的年金制度は、**日本に住む20歳以上60歳未満のすべての人**（外国人も含む）が加入する**国民年金（基礎年金）**と、**会社員・公務員などが加入する厚生年金**の2階建て構造です。年金には、65歳から受け取れる**老齢年金**の他に、**障害年金**、**遺族年金**があり、2つ以上の年金が受けられるようになったときは、いずれか1つの年金を選択することになります。

●老齢年金

国民年金の保険料を10年以上納めたなどの条件を満たした人は、原則65歳から生涯、国民年金から**老齢基礎年金**を受け取ることができます。厚生年金に加入していた人は、**老齢厚生年金が上乗せ**されます。

●障害年金

国民年金加入中に初診日のある病気やけがにより、障害等級1級または2級に該当する障害を負ったときは、その状態が続いている間、国民年金から**障害基礎年金**を受け取ることができます。厚生年金に加入している人は、**障害厚生年金が上乗せ**されます。身体障害だけでなく、人工透析、心臓ペースメーカー、人工肛門等も対象となります。

●遺族年金

国民年金に加入中の人が亡くなった場合は、その人に生計を維持されていた「**18歳到達年度の末日までの間にある子**（障害者は20歳未満）」**のある配偶者**、または「**子**」は、**国民年金から遺族基礎年金**を受け取ることができます。厚生年金に加入中の人が亡くなった時（加入中にかかった傷病がもとで初診日から5年以内に亡くなった時）などに、その人に生計を維持されていた遺族（1．配偶者または子、2．父母、3．孫、4．祖父母の順で優先順位の高い人）に**遺族厚生年金**が支給されます。

公的年金の種類は？

第2号被保険者の場合、国民年金に加え厚生年金が受け取れます

厚生年金
会社員・公務員など

公務員や私立学校教職員が加入していた共済年金は、平成27年10月から厚生年金に一元化されました。

国民年金（基礎年金）		
第1号被保険者	第2号被保険者	第3号被保険者
農業者・自営業者・学生・無職の人	会社員・公務員など	第2号被保険者に扶養されている配偶者

【それぞれの基礎年金、厚生年金が受け取れる主な条件】

	老齢基礎年金	老齢厚生年金
老齢年金	・保険料納付期間＋保険料を免除された期間＝10年以上 ・支給開始は原則65歳	・左記の条件を満たし、厚生年金に1か月でも加入している（60歳台前半の老齢厚生年金受給には1年以上の加入が必要）

	障害基礎年金	障害厚生年金
障害年金	・初診日前日に、初診日の月の前々月までの被保険者期間のうち、保険料納付期間＋保険料免除期間が2/3以上ある ・初診日に被保険者であること ・障害認定日に障害の程度が1級または2級に該当すること	・保険料納付期間＋保険料免除期間の条件は左記と同じ ・初診日に厚生年金の被保険者であること ・障害認定日に障害の程度が1〜3級に該当すること

	遺族基礎年金	遺族厚生年金
遺族年金	・被保険者、受給者または受給資格者が死亡したとき ・死亡日の前日に、死亡日の前々月までの被保険者期間のうち、保険料納付期間＋保険料免除期間が2/3以上ある ・死亡した人が生計を支えていた子のある配偶者または子である	・被保険者、受給者または受給資格者が死亡したとき　ほか ・保険料納付期間＋保険料免除期間の条件は左記と同じ ・死亡した人が生計を支えていた妻、夫、子、父母、孫、祖父母

こんなときどうする？　制度の利用　高齢者をとりまく周辺制度　年金制度

高齢者をとりまく周辺制度

19 確定申告

●確定申告とは？

確定申告は、1月1日から12月31日までの1年間に得た**すべての所得を計算**し、その所得に対して**税金を納める**手続きです。申告期限までに**確定申告書**を提出し、源泉徴収（給与や年金などの支払者が、あらかじめ所得税を差し引いて国に納付する制度）された税金や予定納税で納めた税金などとの**過不足を精算**します。

公的年金等（国民年金や厚生年金、普通恩給等）は「**雑所得**」として課税の対象となっており、65歳未満の場合は108万円、65歳以上の場合は158万円を超える公的年金やそのほかの年金を受け取る場合は確定申告が必要になります。ただし、下記条件を満たした年金所得者は確定申告を行う必要はありません（確定申告不要制度）。なお、障害年金や遺族年金は非課税です。

●年金所得者の確定申告不要制度

公的年金等の収入金額が**400万円以下**で、かつ、公的年金等に係る雑所得以外の各種の所得（生命保険や共済などの契約に基づいて支給される個人年金や生命保険の満期返戻金、給与所得等）の金額が**20万円以下**である場合には、確定申告は必要ありません。

●所得税の還付には確定申告が必要

公的年金等から所得税が源泉徴収されており、一定額以上の医療費（P.54参照）を支払った場合等は、**所得税の還付**が受けられる可能性があるので、確定申告書を提出する必要があります。

●確定申告で受けられる「障害者控除」

障害者本人や、障害者である親族を扶養している人は、確定申告をすることでさまざまな障害者控除等が受けられます。右の表で確認し、控除等が受けられる場合には確定申告を行いましょう。

確定申告は必要？

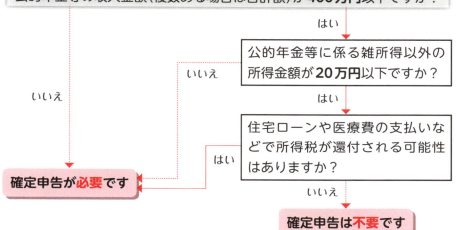

【障害者本人が受けられる主な控除等】

主な控除等	障害者	特別障害者
所得税の障害者控除	27万円を控除	40万円を控除
相続税の障害者控除	障害者が85歳に達するまでの年数1年につき10万円を控除	障害者が85歳に達するまでの年数1年につき20万円を控除
少額貯蓄の利子等の非課税	350万円までの預貯金等の利子等→非課税（所得税）	

【障害者である親族を扶養している人が受けられる障害者控除額】

区分	控除額
障害者	27万円
特別障害者※	40万円
同居特別障害者	75万円

※特別障害者とは、身体障害1・2級、精神障害1級、知的障害、常に病床にあり複雑な介護を要する人など。

高齢者をとりまく周辺制度
20 医療費控除

●医療費控除とは

　自分や家族が医療費を支払った場合、一定の金額を税金(所得税)から控除することができます。これを**医療費控除**といいます。医療費控除を受けるためには、自分で**確定申告**(P.52参照)を行う必要があります。
　医療費控除の対象となるのは、次の要件を満たした医療費です。
①自分や家族のために支払った医療費
②その年の1月1日から12月31日までの間に支払った医療費
　上記条件を満たした医療費が、**年間10万円**を超えた場合、その超えた金額をその年の所得から差し引くことができます。具体的には、次の式で計算した金額(最高200万円)が医療費控除の対象となります。

（ 実際に支払った医療費の合計額 － 保険金などで補てんされる金額 ）－ 10万円※

※所得金額が200万円未満の人は「所得金額の5％」の額。

　医療費控除の対象となるのは治療目的のものです。

医療費控除の対象となるもの(例)	医療費控除の対象とならないもの(例)
・診療費・治療費 ・医師の処方による医薬品 ・医師が治療目的で作成した診断書代 ・医師の指示による差額ベッド代 ・治療のためのマッサージ・はり・灸等 ・治療のための松葉杖・義足購入費用 ・特定健康検査・特定保健指導 ・入院時の食事代 ・通院や入院の交通費(タクシー代含む) ・病気等治療のための市販薬の購入費 ・レーシック手術 ・医師が必要と判断した近視矯正手術、メガネ、コンタクトレンズ代　ほか	・予防接種の費用 ・定期健診・人間ドックの費用 ・差額ベッド代 ・入院中の寝巻や歯ブラシなど ・会社や保険会社に提出する診断書代 ・治療目的以外のメガネの購入費 ・美容整形手術の費用 ・医師や看護師への謝礼 ・通院のための自家用車のガソリン代と駐車料金 ・疲労回復や病気予防の市販薬の購入費 ・医師の指示がないマッサージ費用等 ・健康器具の購入費　ほか

> 作成した「医療費控除の明細書」を添付して、確定申告で控除を受けましょう。

＊ 医療費通知を添付すると、明細の記入を省略できます。
＊ 領収書の提出は不要ですが、5年間保存する必要があります。

　また、介護保険で利用している施設サービスや居宅サービスの費用も、医療費控除の対象として認められるものがあります。

医療費控除に該当するものとは？

【医療費控除の対象（または対象外）となる居宅サービス等の対価の概要】

	居宅サービス等の種類
①医療費控除の対象となる居宅サービス等	訪問看護 介護予防訪問看護 訪問リハビリテーション 介護予防訪問リハビリテーション 居宅療養管理指導【医師等による管理・指導】 介護予防居宅療養管理指導 通所リハビリテーション【医療機関でのデイサービス】 介護予防通所リハビリテーション 短期入所療養介護【ショートステイ】 介護予防短期入所療養介護 定期巡回・随時対応型訪問介護看護（一体型事業所で訪問看護を利用する場合に限ります） 看護小規模多機能型居宅介護（上記の居宅サービスを含む組合せにより提供されるもの（生活援助中心型の訪問介護の部分を除きます）に限ります）
②上記①の居宅サービスと併せて利用する場合のみ医療費控除の対象となる居宅サービス等	訪問介護【ホームヘルプサービス】（生活援助（調理、洗濯、掃除等の家事の援助）中心型を除きます） 夜間対応型訪問介護 訪問入浴介護 介護予防訪問入浴介護 通所介護【デイサービス】 地域密着型通所介護 認知症対応型通所介護 小規模多機能型居宅介護 介護予防認知症対応型通所介護 介護予防小規模多機能型居宅介護 短期入所生活介護【ショートステイ】 介護予防短期入所生活介護 定期巡回・随時対応型訪問介護看護（一体型事業所で訪問看護を利用しない場合及び連携型事業所に限ります） 看護小規模多機能型居宅介護（上記①の居宅サービスを含まない組合せにより提供されるもの（生活援助中心型の訪問介護の部分を除きます）に限ります） 地域支援事業の訪問型サービス（生活援助中心のサービスを除きます） 地域支援事業の通所型サービス（生活援助中心のサービスを除きます）
③医療費控除の対象外となる介護保険の居宅サービス等	訪問介護（生活援助中心型） 認知症対応型共同生活介護【認知症高齢者グループホーム】 介護予防認知症対応型共同生活介護 特定施設入居者生活介護【有料老人ホーム等】 地域密着型特定施設入居者生活介護 介護予防地域密着型特定施設入居者生活介護 福祉用具貸与 介護予防福祉用具貸与 看護小規模多機能型居宅介護（生活援助中心型の訪問介護の部分） 地域支援事業の訪問型サービス（生活援助中心のサービスに限ります） 地域支援事業の通所型サービス（生活援助中心のサービスに限ります） 地域支援事業の生活支援サービス

＊サービス事業者が発行する領収証に、医療費控除の対象額が記載されています。
＊一部の施設サービスやおむつ代など、ほかにも医療費控除として認められるものがあります。

21 高齢者をとりまく周辺制度
マイナンバー制度

●マイナンバーとは？

　すべての住民に割り当てられる、一人ひとり異なる12ケタの番号を**マイナンバー**（個人番号）と言います。国の行政機関や自治体等において社会保障・税・災害対策の分野で利用されます。住所が変わっても、番号が漏えいし不正に使われるおそれがある場合を除き、生涯にわたって同じ番号を使います。

●介護保険制度におけるマイナンバーの利用

　介護保険制度の各種申請、届出などでもマイナンバーの記入が必要になります。
　マイナンバーの記入が必要となる申請書には、たとえば下記のようなものがあります。

・介護保険　認定申請書（新規・更新）
・介護保険　区分変更申請書
・介護保険　被保険者証等再交付申請書
・介護保険　居宅サービス計画作成依頼届出書
・介護保険　負担限度額認定申請書
・介護保険　高額介護サービス費支給申請書
・介護保険　基準収入額適用申請書　　　　ほか

　申請書等へのマイナンバーの記入は基本的に本人が行いますが、本人による記入が難しく、要介護認定申請の代行申請を行う場合など、**ケアマネジャー**が利用者等に代わって記入し、保険者に提出するような場合も想定されています。その場合は「特定個人情報の適正な取扱いに関するガイドライン」等を参照の上、適切な対応が求められています。

利用者本人以外が代理で申請するには？

代理人として申請 （家族、居宅介護支援事業所等）	代理権のない使者として申請（手続きの代行）（居宅介護支援事業所等）
代理権の確認（原則） 法定代理人の場合： 　戸籍謄本その他その資格を証明する書類 任意代理人の場合： 　委任状	原則として、個人番号が見えないよう、申請書を封筒に入れて提出するなどして市町村に提出
代理人の身元確認（原則） ①代理人のマイナンバーカード、運転免許証等 ②官公署から発行・発給された書類その他これに類する書類で、写真の表示等があるもの（居宅介護支援専門員証等）	**本人の身元確認（原則）** ①本人のマイナンバーカード ②運転免許証等 ③官公署から発行・発給された書類その他これに類する書類で、写真の表示等があるもの
本人の番号確認（原則） 原則として、本人のマイナンバーカード、本人の通知カード、本人の個人番号が記載された住民票の写し等	

【マイナンバーを業務で利用する際のルール】

☐ 利用者の個人番号の取扱いは、利用者やその家族との**合意**に基づいて行われる
☐ ケアマネジャーを含む介護事業者は、**本人から委任された権限の範囲**を超えて個人番号を利用することは認められない
☐ 個人番号が記載された申請書等のコピーを事業所等で蓄積することは、法令上求められてはいない。業務上の必要でコピーを蓄積する場合は、**個人番号の記載箇所を黒塗りにする**などし、個人番号が蓄積されないように注意する必要がある
☐ 個人番号がわからず、申請書等への個人番号の記載が難しい場合は、申請書に個人番号を記載しない
上記のほかにも、各種ガイドラインが公開されているので確認しましょう。

高齢者をとりまく周辺制度

22 個人情報の取扱い

● 個人情報保護法の改正

　個人情報保護法が改正され、平成29年5月30日に全面施行されました。

　従来の個人情報保護法では、事業に活用する個人情報が5,000人分以上の事業者にのみ、個人情報保護法の義務が課せられていました。しかし、改正後は、個人情報の数に関係なく、「個人情報を事業に活用するすべての方に個人情報保護法の義務が課せられる」ことになりました。つまり、業務で個人情報を使用するすべての方が個人情報保護法の内容を理解し、適切に取り扱う必要があります。

　介護関係事業者（介護保険制度によるサービスを提供する事業者だけではなく、高齢者福祉サービス事業を行う者も広く含まれる）も、個人情報を取り扱いますので注意が必要です。この点については、監査機関の個人情報保護委員会が、「医療・介護関係事業者における個人情報の適切な取扱いのためのガイダンス」という指針と、具体的に説明した「Q&A（事例集）」を出していますので、参照してください。

● 利用目的の特定と制限

　個人情報を取り扱うにあたっては、その**利用目的を特定する必要があり**、**本人の同意**を得なければ、特定した利用目的の達成に必要な範囲を超えて個人情報を取り扱うことができません（法15条・16条）。

　また、特定した利用目的は、本人に通知し、施設内に掲示する等、公表する必要があります（法18条）。

● 第三者提供の制限

　個人情報をパソコンなどで保管し、容易に検索できるような状態においているものを「個人データ」といいます。個人データは、原則として、あらかじめ**本人の同意**を得なければ第三者に提供することができません（法23条）。

介護関係事業で想定される、個人情報の利用目的

【介護サービスの利用者への介護の提供に必要な利用目的】

介護関係事業者の内部での利用に関するもの

- ▶事業者が介護サービスの利用者等に提供する介護サービス
- ▶介護保険事務
- ▶介護サービス利用者に関する事業所等の管理運営事業のうち
  - ・入退所等の管理
  - ・会計、経理
  - ・事故等の報告
  - ・利用者の介護サービスの向上

他の事業者等への情報提供を伴う必要があるもの

- ▶事業者等が、利用者等に提供する介護サービスのうち
  - ・利用者に居宅サービスを提供する他の居宅サービス事業者や居宅介護支援事業所等の連携(サービス担当者会議等)、照会への回答
  - ・その他の業務委託
  - ・家族等への心身の状況説明
- ▶介護保険事務のうち
  - ・保険事務の委託
  - ・審査支払機関へのレセプトの提出
  - ・審査支払機関または保険者からの照会への回答
- ▶損害賠償保険などに関する保険会社等への相談また届出等

事例：移動先の施設に入所者の個人情報を求められたら？

Q：施設入所者が、他の介護保険施設に移動する際に、入所者の同意なく、移動先の施設の求めにしたがって入所者の個人情報の提供を行うことができるでしょうか。

A：施設においては、入所者の情報はパソコン等で管理し、容易に検索できる状況となっている場合がほとんどでしょう。そうだとすれば、その情報は個人データに該当します。したがって、原則として、たとえ入所者の移動先の施設からの問い合わせであったとしても、入所者の同意なく、個人情報を提供することはできません。

　もっとも、このようなケースであれば、利用者の同意を得ることは、それほど困難でないと思われるので、しっかり同意を取ってから情報を提供するよう、心掛けましょう。

高齢者をとりまく周辺制度
23 介護休業制度

●介護休業制度とは？

　介護休業制度は、「育児休業、介護休業等育児又は家族介護を行う労働者の福祉に関する法律（育児・介護休業法）」に基づき、労働者が要介護状態にある家族を介護するために、一定期間休業することができる制度です。

　この制度ができた背景には、介護に直面した労働者が仕事との両立が困難になり、やむを得ず離職するというケースが増えてきたことがあります。一度離職してしまうと、介護が終わった後、今度は本人の生活の経済的基盤がなくなり、生活が困窮しかねません。仕事と介護を両立していくための制度として介護保険制度がありますが、介護休業制度の整備により、両立がしやすい環境になりつつあります。会社によっては、就労継続のための独自の両立支援制度がある場合もあるので、勤務先に聞いてみましょう。

●介護休業の分割取得

　介護休業とは、労働者が**要介護状態**の対象家族を介護するための休業です。対象家族１人につき**通算93日**まで、**3回**を上限として、介護休業を分割して取得できます。対象家族の範囲は、配偶者、父母、子、配偶者の父母、祖父母、兄弟姉妹および孫です。

●介護休暇とは？

　介護休暇は、**要介護状態**にある対象家族の介護その他の世話を行う労働者が、**1年に5日**（対象家族が2人以上の場合は10日）まで、介護その他の世話を行うために取得できます。**半日単位**での取得が可能です。

　「育児・介護休業法」では、介護休業、介護休暇のほか、介護のための所定労働時間短縮等の措置、所定外労働の制限（残業の制限）などが設けられています。

介護休業と介護休暇

【介護休業の概要】

休業の定義	労働者が要介護状態（負傷、疾病または身体もしくは精神上の障害により、2週間以上の期間にわたり常時介護を必要とする状態）にある対象家族を介護するためにする休業
対象労働者	●労働者（日々雇用を除く） ●労使協定により対象外にできる労働者 　・入社1年未満の労働者 　・申出の日から93日以内に雇用期間が終了する労働者 　・1週間の所定労働日数が2日以下の労働者 ●有期契約労働者は、申出時点において、①入社1年以上、②介護休業開始予定日から起算して93日経過する日から6か月経過する日までに労働契約期間が満了し、更新されないことが明らかでないこと
対象となる家族の範囲	配偶者（事実婚を含む）、父母、子（法律上親子関係がある子〔養子を含む〕）、配偶者の父母、祖父母、兄弟姉妹および孫
期間	対象家族1人につき、通算93日まで
回数	対象家族1人につき、3回
手続	●労働者は、休業開始予定日の2週間前までに、書面のほか、事業主が適当と認める場合には、ファックスまたは電子メール等により、事業主に申出 ●休業終了予定日の2週間前までに申し出ることにより、93日の範囲内で申出ごとに1回に限り繰下げが可能 ●休業開始予定日の前日までに申出の撤回が可能。ただし、同じ対象家族について2回連続して撤回した場合には、それ以降の介護休業の申出について事業主は拒むことができる

【介護休暇の概要】

制度の内容	●要介護状態にある対象家族の介護その他の世話※を行う労働者は、1年に5日（対象家族が2人以上の場合は10日）まで、介護その他の世話を行うために、休暇の取得が可能 ●1日または半日（所定労働時間の2分の1）単位で取得可能 ●1日単位での取得のみとすることができる労働者 　・1日の所定労働時間が4時間以下の労働者 　・半日単位での取得が困難と認められる業務に従事する労働者（労使協定が必要） ※その他の世話とは、対象家族の通院等の付添い、対象家族が介護サービスの適用を受けるために必要な手続きの代行、その他の対象家族に必要な世話をいう
対象労働者	●労働者（日々雇用を除く） ●労使協定により対象外にできる労働者 　・入社6か月未満の労働者 　・1週間の所定労働日数が2日以下の労働者

厚生労働省『育児・介護休業制度ガイドブック』より作成

消費者被害を解決する制度

24 消費者契約法

●消費者契約法とは？

「消費者契約法」は、消費者と事業者が結ぶ契約のルールを定めたもので、**消費者と事業者の間のすべての契約**に適用されます。契約を勧誘されているときに事業者に次のような行為があった場合、**契約を取り消すことができます。**

＊「消費者」とは個人をいい、法人その他の団体は含みません。また、事業として、又は事業のために契約の当事者となった個人も含みません。

▼契約を取り消すことができる行為

①不実告知	重要な項目について**事実と違うこと**を言う
②断定的判断の提供	将来の変動が不確実なことを**断定的**に言う
③不利益事実の不告知	利益になることだけ言って、重要な項目について消費者の不利益になることを**故意**に言わない
④過量契約	通常の分量を著しく超える量を**故意**に勧めて販売する
⑤不退去	帰ってほしいと言ったのに**帰らない**
⑥退去妨害	帰りたいと言ったのに**帰してくれない**

また、次のように消費者の権利を不当に害する契約条項は**無効**です。

・事業者が損害賠償をすることを何があっても全部または一部免除しているもの
・事業者の債務不履行の場合でも、消費者の解除権を放棄させるもの
・法外なキャンセル料を要求するもの
・遅延損害金で年利14.6％を超えるもの（14.6％を超える部分が無効）
・その他、消費者の利益を一方的に害するもの

●契約取消しの方法

この法律は、行政が事業者を罰する法律ではないため、消費者が事業者に契約を取り消したいと言わなければなりません。ただし、取消しができる期間には制限があり、騙されたと気付いたときから**1年**、契約締結のときから**5年以内**に事業者にその意思を伝えなければなりませんので、早めに対処することが必要です。なお、実際に取消しを行うには、**内容証明郵便**、**配達証明郵便**を使って書面で行います。

消費者契約法で解決できる？

【契約を取り消せる行為の例】

①不実告知	②断定的判断の提供	③不利益事実の不告知	④過量契約	⑤不退去 ⑥退去妨害
無料のシロアリ点検の結果、深刻な被害があると嘘の説明を受けて補修工事を行った	円高にはならないとの説明を信じて外債を購入したが、円高になった	日当たり良好と説明を受けて土地を購入したが、すぐに隣に建物が建って日が当たらなくなった。業者はその建設計画を故意に隠していた	健康食品の試供品を申し込んだら、強引に勧誘され、食べきれない量を買わされた	帰ってほしいと言ったのに帰らなかった、あるいは帰りたいと言ったのに帰してくれなかった

- □信用していなかったら契約していなかった
- □説明が本当でなかったことに消費者が気づいた時から1年間経過しておらず、かつ契約をしてから5年経過していない

- □帰らない、あるいは帰してくれないので困ってしまい、契約した
- □困惑状態から解放された時から1年間経過していない

2つともあてはまる

はい → Ⓐ 消費者契約法により契約を取り消すことができる可能性があります

いいえ → Ⓑ 消費者契約法での解決は難しいですが、民法等による解決手段が考えられます

【無効となる契約条項の例】

事業者が正当な額の損害賠償に応じない	事業者が過大なキャンセル料を請求している	事業者が過大な遅延損害金を請求している	消費者の解除権を放棄させている	その他、事業者が消費者の利益を一方的に害している

契約条項（書面でない契約も含む）をたてにして、事業者が主張している

- □ア 事業者が、消費者の権利を制限している、または消費者に重い義務を要求している
- □イ 事業者の主張は契約条項（書面でない契約も含む）に基づく

はい → Ⓐ 消費者契約法により、その契約条項が無効になる可能性があります

いいえ → Ⓑ 当事者間に取り決めがなかった場合については、そもそも事業者の言い分に従う必要はありません

イにあてはまるまたは両方あてはまらない → Ⓑ 当事者間に取り決めがなかった場合については、そもそも事業者の言い分に従う必要はありません

すべてあてはまる はい → Ⓒ 民法の信義則に反しているかどうかが基準になります。無効の場合、法的には事業者の主張通りに履行する必要はありません（民法等の法律に該当する規定がある場合は、その規定によります）

こんなときどうする？ 制度の利用　消費者被害を解決する制度　消費者契約法

消費者被害を解決する制度
25 特定商取引法

●特定商取引法とは？

　特定商取引法は、消費者トラブルが生じやすい**7つの取引類型**（右ページ参照）を対象に、事業者が守るべきルールと消費者を守るルールを定めたものです。特定商取引法で規制されるのは、次のような事業者の行為です。

> ・勧誘の前に、事業者名や商品の種類、勧誘であることを告げない
> ・迷惑な勧誘をする　・誇大広告　・クーリング・オフを妨害する
> ・利益を得ることが確実であると誤解させる　・事実と異なることをわざと告げる
> ・勧誘目的を隠して、一般の人が自由に出入りしない場所（事務所やホテルなど）に誘い込んで勧誘をする
> ・法律で定められた事項を記載した書面を交付しない
> ・消費者をおどして困らせる　・大量の商品等の契約締結を勧誘する
> ・物品の買取りについて飛び込み営業を行う

●特定商取引法が定める消費者保護のルール

①クーリング・オフ（P.70参照）
②意思表示の取消し
　事業者の違法行為により消費者が誤認して契約の申込み等をした場合、誤認に気付いたときから1年、契約後5年以内にその意思表示を取り消すことができます。
③損害賠償等の額の制限
　消費者が中途解約をしたときに事業者が請求できる損害賠償額に上限が設定されています。

●消費者契約法（P.62参照）との違い

> **消費者契約法**：消費者と事業者の間のすべての契約が対象。誤認・困惑等の取消理由が必要。
> **特定商取引法**：消費者トラブルが多い取引類型（右の表）が対象。対象取引に対するクーリング・オフ、取消し等の規制。
> 　　　　　　　　クーリング・オフは、一定期間内であれば理由を問わず契約の解除が可能。

　契約を取り消す場合は、上記のどちらを利用してもよいため、有効な解決手段については消費生活センターなどに相談しましょう。

その契約は特定商取引法で保護される？

訪問販売
消費者宅など、店舗以外で商品の販売などを行う取引

【トラブルの例】
大量の商品を契約させる「次々販売」

通信販売
郵便やインターネットなどの通信手段で契約を受け付ける取引

【トラブルの例】
注文したのに届かない、偽物が届いた

連鎖販売取引
知人を販売組織に加入させると報酬が得られるといって勧誘し、組織参加時に金銭を負担させる取引、いわゆる「マルチ商法」

【トラブルの例】
「月〇万円の収入は確実」などとうたい、借金と在庫が残る

電話勧誘販売
事業者が消費者に電話をかけて勧誘を行う取引

【トラブルの例】
突然電話をかけ商品を送りつける「送り付け商法」、悩みにつけこむ「開運商法」

特定継続的役務提供
エステサロン、美容医療、語学教室、家庭教師、学習塾、パソコン教室、結婚相手紹介サービスの7つ

【トラブルの例】
契約書面に記載されていない費用を請求される

業務提供誘引販売取引
仕事を紹介するといい、仕事に必要であるとして商品購入を求める取引、いわゆる「内職商法」

【トラブルの例】
在宅ワークなどで実際より高収入が得られると見せかける

訪問購入
消費者宅などで貴金属などの物品を買い取る取引

【トラブルの例】
相場より安く強引に買い取る「押し買い」

このような取引は、**クーリング・オフ**等による解除が可能です（通信販売はクーリング・オフの対象外ですが一定の要件を満たせば解除が可能）

こんなときどうする？ 制度の利用　消費者被害を解決する制度　特定商取引法

消費者被害を解決する制度

26 割賦販売法

●割賦販売法とは？

　割賦販売法は、後払いで商品を購入したり、サービスの提供を受けたりする**クレジット契約**に関して、ルールを定めた法律です。クレジット契約は、消費者が購入した商品の代金をクレジット会社が販売者に立替払いをし、消費者がクレジット会社に分割で返済していきます。クレジット契約には、次の2種類があります。

包括クレジット	個別クレジット
クレジットカードを利用して購入する契約	クレジットカードを利用せず、商品購入の際に販売店と販売契約を、販売店が斡旋するクレジット会社とクレジット契約を締結し、代金を後払いするもの。自動車ローンなど

●クレジット契約を取り消すことができる条件

・営業所以外の場所での契約

　訪問販売、電話勧誘販売、連鎖販売取引（マルチ商法）、特定継続的役務提供（パソコン教室等）、業務提供誘引販売取引（モニター商法等）で結んだ販売契約・役務提供契約と個別クレジット契約が対象となります。

・不実告知、故意の不告知

　販売者が販売契約と個別クレジット契約の勧誘を行うとき、①～④について、**販売者の嘘の説明**（不実告知）または**不利な内容をわざと説明しない**こと（故意の不告知）により、消費者が誤認して結んだ販売契約を取り消す場合、**販売契約とともに個別クレジット契約も取り消すことができます**。消費者はすでに支払った金銭をクレジット会社に返還請求できます。

> ①支払総額・支払回数等の個別クレジット契約の内容
> ②商品の品質・性能の販売契約に関する重要事項等
> ③契約解除に関する事項
> ④個別クレジット契約や販売契約を結ぶ動機となる事項

クレジット契約の取消しは可能？

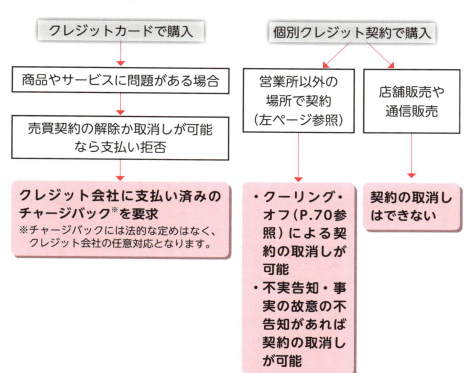

＊クーリング・オフの起算点は、**法定書面(契約書)を受け取った日**です。
　書面が交付されていない場合や不備があった場合には、起算点は開始せず、**法定期限が経過してもクーリング・オフが可能**です。
＊個別クレジット契約の取消しは、販売会社と個別クレジット会社に内容証明郵便で通知します。

契約取消し後の清算はどうなる？

①個別クレジット会社は、立替金相当額を消費者に**請求できません**。
②個別クレジット会社が販売者に支払った立替金は、販売者が個別クレジット会社に対して**返還する義務**を負います。
③消費者が個別クレジット会社に支払った既払金は**返還請求**できます。

＊契約の取消しは、誤認に気付いたときから**1年**、契約してから**5年以内**に行う必要があります。

消費者被害を解決する制度

27 過量販売解除権

●過量販売解除権とは？

　過量販売解除権とは、訪問販売や電話勧誘販売で、同一の商品やサービスについて、**通常必要とされる量を著しく超えて**購入したり提供を受けたりした場合、購入者がその契約を**解除**できるというものです（特定商取引法（P.64参照））。ただし、大量に必要であることが予定されていた等、特段の事情があった場合は解除できません。

　解除権の行使期間は契約締結の日から**1年以内**です。清算ルールについては、クーリング・オフと同様です（P.70参照）。

●過量販売解除の効果

・販売者は消費者に対して**損害賠償・違約金**の支払いを請求できない。
・商品を受けとっている場合は、**販売者の負担で返品**できる。
・販売者は**商品を使用した利益**や**労働の対価**を消費者に請求できない。
・支払い済みの代金は**全額返金**される。
・すでに工事が行われていても、販売者負担で**元に戻してもらえる**。
・過量販売解除の場合、消耗品を使用していても**代金は請求されない**。

●クレジット契約の過量販売解除

　訪問販売や電話勧誘販売による過量販売に対する個別クレジット契約（P.66参照）も、契約してから**1年以内**であれば販売契約とともに解除することができます。解除の効果は以下のとおりです。
・個別クレジット会社は消費者に対して個別クレジット契約に関する**損害賠償または違約金**を請求することができない。
・個別クレジット会社は、**商品を使用した利益や労働の対価**を消費者に請求できない。
・個別クレジット会社は、**既払金**を消費者に返還しなければならない。

　個別クレジット契約を利用している場合の解約は、販売会社だけでなく、個別クレジット会社にも内容証明郵便で通知しましょう。

過量販売の契約解除は可能？

過量販売の類型	①1回の契約で大量に販売	健康食品や化粧品などを相当期間に使い切れないほど買わされたり、まとめて数年間分の家庭教師（学習教材）契約をさせられたりするケース
	②同じ業者が何度も訪問	「前に買ってもらったものよりいい商品が出た」などと業者に勧められるまま、繰り返し契約させられるケース
	③違う業者が入れ替わり訪問	数年前に床下工事をした後、関連業者やメンテナンス業者と名乗る業者が来て、いろいろな工事の契約をさせられるケース
契約解除できる範囲	①1回の契約で過量販売	その契約の全部を解除できる
	②同一業者が複数回の契約で過量販売	「著しく超えた」以降の契約について解除できる
	③同業の他業者が次々と販売した結果の過量	後から契約した業者が「過量になること」または「すでに過量となっていること」を知りながら契約したものについて解除できる

➡ 過量販売類型のいずれかに当てはまる場合、契約締結日から**1年以内**であれば解除できます。ただし、「契約解除できる範囲」に限られます。

【過量には当たらないと考えられる分量の目安】

健康食品	1人が使用する量として1年間に10か月分
下着	ブラジャー、ウエストニッパー、ボディスーツ、ガードル等4枚程度のセットを、1人が使用する量として1年間に2セット
着物	着物と帯が基本。1人が使用する量として1セット
アクセサリー	ネックレス、指輪等。1人が使用する量として1個
寝具	掛布団と敷布団が基本。1人が使用する量として1組
浄水器	1世帯について1台
健康機器	1世帯について1台
化粧品	1人が使用する量として1年間に10個
学習教材	小中高の学習教材。1人が使用する量として1年間に1学年分
住宅リフォーム	築年数10年以上の住宅1戸につき1工事

公益社団法人日本訪問販売協会『「通常、過量には当たらないと考えられる分量の目安」について』より作成

消費者被害を解決する制度

28 クーリング・オフ制度

●クーリング・オフとは？

　クーリング・オフとは、訪問販売など特定の取引の場合に、**一定期間内**であれば**自由に契約を解除できる**制度です。クーリング・オフをした場合、支払ったお金は全額返金され、商品の引き取りは業者負担となります。**キャンセル料等を支払う必要はありません**。また、受けてしまったサービスはなかったことに、住宅リフォームなどの場合は、**無料で元通りに戻す**ことを請求できます。訪問購入（押し買い）の場合は、引き渡した物品が返却されます。

●クーリング・オフができる取引形態と解除期間

　法律で定められている書面（契約書）を受け取った日から下記の期間であれば、クーリング・オフができます。期間を過ぎるとできなくなります。

訪問販売	8日間
電話勧誘販売	8日間
連鎖販売取引（マルチ商法）	20日間※
特定継続的役務提供（エステ、一部の美容医療、パソコン教室など）	8日間
業務提供誘引販売取引（内職商法、モニター商法）	20日間
訪問購入（貴金属、宝飾品など）	8日間

※契約書を受け取った日と、商品を受け取った日のどちらか遅い日から20日間。

●クーリング・オフできない場合

　一般の店舗販売、通信販売やインターネットでの商品の注文、3,000円未満の現金取引、5万円を超えない特定継続的役務提供、自動車等大型の訪問購入、電気・都市ガスの供給サービス、葬儀サービス、使用・消費した化粧品・健康食品などはクーリング・オフできません。

　商品や取引形態によってクーリング・オフできない場合もありますが、**他の法律で解決できる場合があるので、消費生活センター等に相談しましょう。**

クーリング・オフの通知方法は？

クーリング・オフの通知は必ず書面で行います。

①**解除期間内**に、はがきに契約を特定した上、解除したいということを記入

②両面コピーを取った上で**特定記録郵便**や**簡易書留**で送付（証拠を残す）（P.75参照）

③クレジット契約（P.66参照）があるときは、**クレジット会社**にも同様に通知（P.75参照）

クーリング・オフできる？ できない？

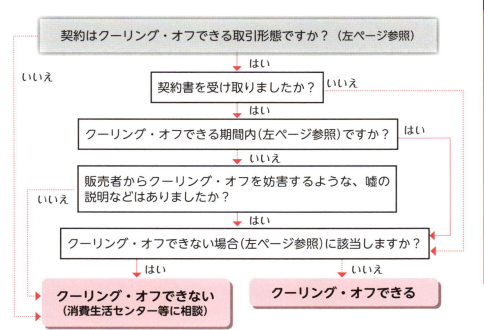

29 消費者被害を解決する制度
消費者トラブルが疑われたら？

● 周囲の見守りが大切

　高齢者が消費者トラブルに巻き込まれるケースは年々増加傾向にあります。日ごろから高齢者の居室の様子や言動に不審な点がないか注意し、「おかしいな？」と感じたら、事実を確認して必要な対応を行いましょう。

● トラブル対応（例）

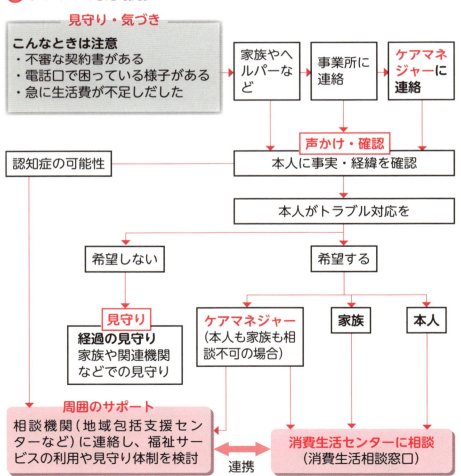

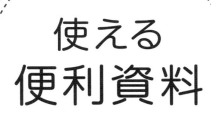

使える便利資料

親等図

● 親族

親族間の遠近を表す単位を「親等」といいます（図中の数字は親等数を表す）。民法上で「親族」とは、6親等内の血族、配偶者、3親等内の姻族のことをいいます（下の図は4親等内の親族）。

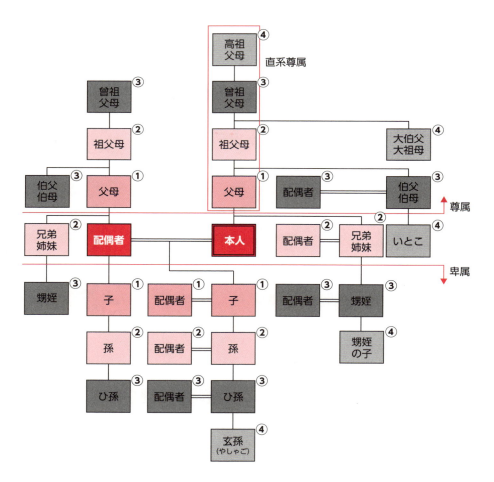

使える便利資料
クーリング・オフ通知（はがき）の記載例

【販売会社あて】

通知書

次の契約を解除することを通知します。

契約年月日　　平成〇〇年〇月〇日
商品名　　　　〇〇〇〇
契約金額　　　〇〇〇円
販売会社　　　株式会社〇〇〇
　　　　　　　担当者　〇〇〇〇

すみやかに支払った〇〇〇円を返金し、商品を引き取ってください。

　　　　　　平成〇〇年〇月〇日
　　　　　　住所　〇〇〇〇〇
　　　　　　氏名　□□□□

【クレジット会社あて】

通知書

次の契約を解除することを通知します。

契約年月日　　平成〇〇年〇月〇日
商品名　　　　〇〇〇〇
契約金額　　　〇〇〇円
販売会社　　　株式会社〇〇〇
　　　　　　　担当者　〇〇〇〇
クレジット会社　〇〇〇〇株式会社

　　　　　　平成〇〇年〇月〇日
　　　　　　住所　〇〇〇〇〇
　　　　　　氏名　□□□□

クーリング・オフを行う際の注意点

☐ クーリング・オフは必ず書面（はがき）で行いましょう
☐ クーリング・オフができる期間内に通知しましょう
☐ クレジット契約の場合は、販売会社とクレジット会社の両方に通知しましょう
☐ はがきは両面コピーをとりましょう
☐ 「特定記録郵便」または「簡易書留」で送付し、送付した証拠を残しましょう
☐ コピーや送付の記録は保管しておきましょう

使える便利資料
身体各部の名称と骨・関節の名称

　身体各部の名称や骨・関節に関する名称は、医療職やリハビリの専門職など、高齢者にかかわるさまざまな職種の人とコミュニケーションをとる際に必要となります。

身体各部の名称

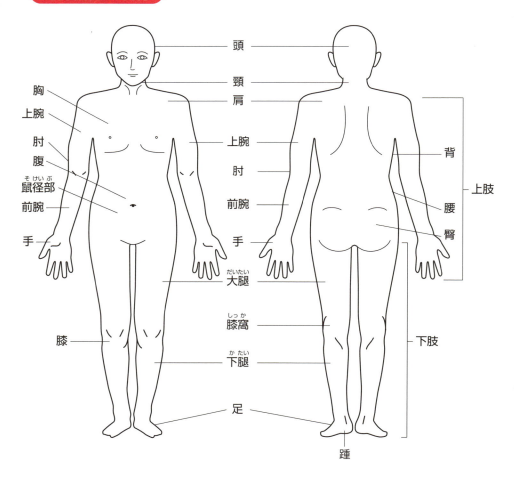

全身の骨と関節の名称

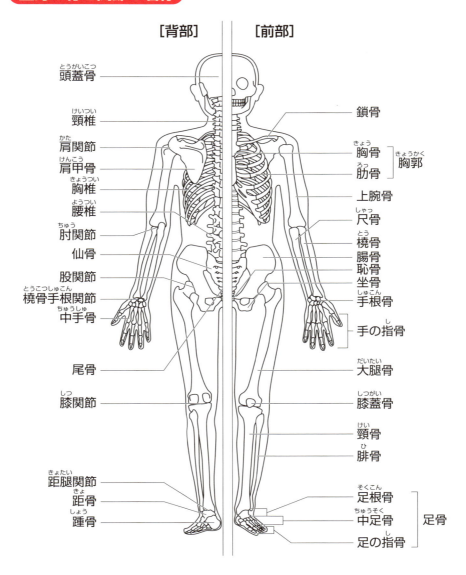

77

【監修者略歴】

弁護士　江﨑　智彦（えざき　ともひこ）
サガミ総合法律事務所

明治大学法学部卒
中央大学法科大学院卒
消費者庁（消費者制度課個人情報保護推進室）退職
サガミ総合法律事務所入所
相模原市　高齢者・障害者虐待等対応専門家チーム委員
相模原市　地域福祉推進協議会委員

サービス・インフォメーション
──────────────────── 通話無料 ────
①商品に関するご照会・お申込みのご依頼
　　　　　TEL 0120 (203) 694／FAX 0120 (302) 640
②ご住所・ご名義等各種変更のご連絡
　　　　　TEL 0120 (203) 696／FAX 0120 (202) 974
③請求・お支払いに関するご照会・ご要望
　　　　　TEL 0120 (203) 695／FAX 0120 (202) 973

●フリーダイヤル（TEL）の受付時間は、土・日・祝日を除く9：00～17：30です。
●FAXは24時間受け付けておりますので、あわせてご利用ください。

改訂版　苦手をサポート　ケアマネ周辺制度ポイントナビ

2018年11月10日　初版発行
2023年５月20日　初版第２刷発行

監　修　　江　﨑　智　彦
発行者　　田　中　英　弥
発行所　　第一法規株式会社
　　　　　〒107-8560　東京都港区南青山2-11-17
　　　　　ホームページ　https://www.daiichihoki.co.jp/

編集協力・ブックデザイン　株式会社エディット

ケアサポ・改　ISBN978-4-474-06462-1　C2036（6）